2020
中国企业“走出去”风险发布会记录

主　编◎沈开涛

副主编◎刘小军　张爱祥

纪　林　原　越

崔　敬　纪嘉毅

对外经济贸易大学出版社

中国·北京

图书在版编目（CIP）数据

2020中国企业“走出去”风险发布会记录 / 沈开涛主编. —北京：对外经济贸易大学出版社，2021. 7

ISBN 978-7-5663-2310-1

Ⅰ. ①2… Ⅱ. ①沈… Ⅲ. ①企业-对外投资-风险分析-中国-2020 Ⅳ. ①F279. 247

中国版本图书馆CIP数据核字（2021）第157742号

2020中国企业“走出去”风险发布会记录

沈开涛 **主编**

责任编辑：刘传志

出版发行：对外经济贸易大学出版社

社　　址：北京市朝阳区惠新东街10号

网　　址：www. uibep. com

资源网址：www. uibepresources. com

邮政编码：100029

邮购电话：010-64492338

发行部电话：010-64492342

E-mail：uibep@ 126. com

成品尺寸：185mm×260mm

印　　张：9

字　　数：181千字

ISBN 978-7-5663-2310-1

印　　刷：北京时代华都印刷有限公司

版　　次：2021年7月北京第1版

印　　次：2021年7月第1次印刷

定　　价：99. 00元

目　　录

代序1

沈开涛：应对全球风险要“六预”

——2020中国企业“走出去”风险发布网络大会

尊敬的各国专家、学者、各位来宾，

女士们、先生们、新闻界的朋友们，

新浪及在线的各位网友：

大家上午好！

首先请允许我代表大会主办方——江泰国际合作联盟、江泰全球救援联盟，欢迎各位嘉宾的到来，对本届发布会的支持单位——中国产业海外发展协会表示衷心的感谢，对全国各地在线的朋友以及新闻媒体的朋友表示诚挚的谢意。

2020年，突如其来的新冠肺炎疫情给世界政治、经济发展带来前所未有的冲击，这是几代人都未曾经历的挑战，这种不利的环境可能构成全球性挑战。一是全球经济陷入严重萎缩。经济恢复面临不确定性、不稳定性。二是国际贸易冲突升级，如由美国挑起的中美经贸摩擦向科技、金融领域蔓延。三是经济全球化遭遇逆转，导致全球贸易和供应链不稳定。四是一些国家或地区内部动乱加剧，危及世界和平发展。

面对如此严重的全球风险，人类生活和生产还要继续下去，应该怎么办？中国古代哲人有一句话，叫“凡事预则立，不预则废”。就是说办任何事情都要预先有所准备，才能保证成功。如果不能预先有所准备，则注定失败。作为长期从事风险管理的专业人士，我认为：面对全球风险，“预则立”要体现六个“预”，即预知、预测、预警、预案、预演和预防。这既是思维方式，也是工作方式，更是风险管理的抓手，不论是一个企业或是一个地区，乃至一个国家，按照六个“预”去思考、去布局、去行动，就可以把风险造成的危害和损失降到最低。

下面我简要对这六个“预”做一个分享。

第一，加强对全球风险的预知。预知是对风险来源、风险影响因素及其作用形式和影响后果进行预先识别。中国企业“走出去”既面临宏观层面的政治、经济以及自然灾害风险，又遭遇微观层面的金融风险、供应链和产业链风险等各种风险。过去人们主要凭借经验对风险做出判断，所以预知风险有很大的局限性，现在借助互联网、大数据、物联网、人工智能等高科技手段，对风险发生的概率、性质、规模、影响等预知能力大大提高。对于成因复杂的重大风险，这需要社会各界跨领域深度研究，本次风险发布会邀请了国际、国内相关专家，用中国视角共同研判全球政治经济、自然灾害、战争、卫生、供应链等引发的风险，并在这里本着“公正、公益、公心”的原则，预先向全球告知。

第二，加强对全球风险的预测。预测是对可能或已经发生的风险，根据已知的风险因素科学地开展风险评估，为采取合理应对策略或有效的处置措施提供根据，新冠肺炎疫情在中国暴发后，中国及时调整疫情防控策略，采取坚决果断措施，疫情防控取得重大战略成果，充分说明了进行风险评估的必要性和重要性。当下进入后疫情时期，各国政府都在采取措施，尽快恢复社会生产和生活，但不论措施如何确定，都离不开对全球疫情防控或经济恢复的风险预测。本届风险发布会延续了往届风险发布的主要选题，同时增加了全球公共卫生风险版图和全球供应链风险版图，突出了在新冠肺炎疫情大流行的背景下，对全球公共卫生治理短板和产业链、供应链不稳定的风险预测，包括对中国企业“走出去”重点国家和区域疫情流行时间和影响程度的预测。

第三，加强对全球风险的预警。预警是指根据外部环境或内部条件的变化，对风险前兆展开侦查，对风险后果进行分级警示。风险预警是政府、社会、企业，乃至个人为防范风险采取应对措施的重要依据。新冠肺炎疫情全球大流行，从世卫组织到各国政府都根据疫情传播的严重程度发布了从低到高再回到较低级别的预警，及时指导各国采取相应的防控措施，缓解疫情的影响。中国企业和公民“走出去”需要根据政府公共部门提供的预警信息，妥善采取风险应对措施，本次疫情对世界政治、经济的影响是长期的，有的甚至留下永久的疤痕，因此本届风险发布大会综合各方面的因素进行研判，对中国企业和公民今后一段时期“走出去”可能遇到的重大风险进行预警。

第四，做好防范风险的预案。预案是根据风险评估结果，针对潜在的风险及可能发生的重大事件预先制定应急处置方案。应急预案应分级、分类制定，并明确组织支持与响应程序，落实制度、装备、资源等各项保障，不论是自然灾害还是安全事故，或是金融危机，供应链中断，只要准备好了应急预案，一旦发生突发事件，就可以及时有序地开展救援救助，最大限度地降低损失。中国企业和公民“走出去”面临与国内不同的复杂环境，单凭经验和国际惯例很难应对各类风险，只有按照风险评估的结果，认真筹划预案，才能有章可循地采取应急措施，最大限度地保障自身利益。

第五，加强对化解风险的预演。预演是对处置风险的预备性演练，企业通过模拟风险情境或有意设置突发状况，可以检验应急预案的有效性、应急准备的完善性、应急响应能力的适应性和应急作用的协同性，确保面对突发情形时，应急方案的切实实施。我接触过不少中小企业，他们虽然取得了对外投资的突出成果，可是遇到风险马上就陷入被动局面。特别是当下疫情变化和经济形势充满着不确定性，应对风险的措施不能停留在纸上，要通过各种方式进行实际预演，验证各项措施的可靠性，所以本次发布会尝试了安排少量应对风险预案的预演，通过成功或失败的对外投资实操论证，帮助中小企业了解如何进行风险预演。

第六，加强对重大风险的预防。预防是指主动采取预防控制措施，以减少产生损失的可能性和程度，其主要形式包括加强风险管理，采取工程技术措施，开展专业培训，配置保险保障等，企业加强对重大风险的预防，一方面有助于研判政策与市场的变化，有效规避宏观风险，另一方面可以控制防范经营风险，避免突发风险事件造成巨额财务损失，要实现“一带一路”建设高质量发展，确保中国公民在世界各地出了险都有人管，就要做好风险预防，需要专业的风险管控机构发挥作用。主办方江泰国际合作联盟、江泰全球救援联盟及其成员都是专业的风险管理服务商，形成了遍布世界各地的对外投资服务和救援服务网络，同时创建的优投和“大救星”两个跨境电商平台，联合了全球几千家服务商，提供线下和线上相结合的投资风险防范和商业救援服务，在一些地方，创建了政府+优投+企业的服务模式，为“走出去”的企业提供服务清单，为全面预防对外投资风险提供了更丰富、更精准的服务选项。

最后，预祝中国企业“走出去”风险发布网络大会圆满成功，预祝2020全球救援服务论坛、2020全球投资服务论坛圆满成功，谢谢大家！

代序 2
沈开涛：目前社会大众购买救援保险意识普遍较为模糊

——2020 全球救援服务论坛暨新冠病毒疫情出行风险对话

大家下午好！

今天上午我们成功地举办了第六届中国企业“走出去”风险发布网络大会。本届大会与前五届不同，没有了几千人欢聚一堂的盛况，改为线上网络发布，这就让我们对全球抗击新冠肺炎疫情有了更深层次的认识，那就是尽管科技进步给我们的工作和生活带来了更多的现代文明，但面对各种风险，人类又是那么脆弱，以致一个看不见的新冠肺炎病毒就把全球几十亿人堵在家里不能出门。针对新冠肺炎疫情对人类生命和健康安全的严重影响，发布会首次发布了《中国企业“走出去”公共卫生安全全球风险版图》，由此证明了今后对全球公共卫生风险的关注将得到提升。到目前为止，新冠肺炎疫情对全球影响仍然存在很大的不确定性，第二次大暴发仍然有可能。面对疫情期间暴露出的全球救援服务短板，我认为传统的救援服务应从应急状态向常态化转变，扩大和完善救援服务的内容和方式，满足大众的需求。

现在一说救援服务，大家就认为是出门在外意外伤害或患病后提供的转运及救治服务，只是小概率发生的，以为救援服务离自己很遥远。同样，救援服务机构也把自己定位为突发意外事件的从业者，自然也是按照小概率市场来配置资源和设计服务产品，其结果是全球大多数人并没有请求救援服务的意愿，而救援服务机构也没有提供更多服务的能力。

进入 21 世纪以来，人类社会的生产和生活的丰富度比以往任何时候都要大，加之人员及流动范围越来越广，越来越频繁，不安全、不稳定、不便利等因素显著增加。危机情况下救命、身体突发疾病救治、遇到突发事件救助等等各种场景有增无减，实际上对于任何一个走出家门的人来说，救命、救治、救护和救助都有可能发生，甚至发生在同一地点和同一个时间里。因此，我认为完善全球救援服务，应从改变自己入手，创新更加普惠的救援服务产品的流程和服务。

一是发挥平台资源配置的优势。传统的全球救援服务只需要少数几家跨国救援机构，通过电话中心接收救援请求，无法满足新冠肺炎疫情全球爆发引发的大量的救援需要。不仅有大量旅行者受阻回不了家，更有人数众多的留学生或劳务人员回家无门；在境外老年人发病找不到交通运输工具，还有大量需要药品的孩子收不到邮包，等等。这些发生在世界各地的碎片化服务需求，必须通过平台整合世界各地的专业资源，形成综合性、多元化的全球服务救援网络，及时解决信息不对称以及服务效率低下的问题，才能在任何时间和地点迅速形成救援服务的能力，展开高效的施救行动。

二是提供综合性服务产品。传统的救援服务过于单一，且技术门槛偏重硬件设施，已经不适应多样化需求的全球救援服务。随着社会分工越来越细，每一个细小的服务都有可能成为一个专业的服务领域，比如学生随身携带的物品需要修理、文件需要打印、出门忘记携带必需用品需要补充，可以找一位管家帮助解决。生病住院治疗期间，可以聘用临时护士提供专业的护理服务，因此，越是救援终端服务细分化，对出门在外的个人来说越需要综合性的救援服务产品。比如把施救打包成月度、年度产品，也可以是机构使用的无记名产品，不仅可以极大方便用户，而且有利于提高救援生产力。

三是强化救援服务的前置干预业务。商业救援服务的宗旨就是将保险与救援相结合，将一般的保险事后理赔服务向前延伸到事故发生时的立即救援，这不仅可以提高保险产品本身的吸引力，也可以提升社会大众发生意外时的救助效率。目前社会大众购买救援保险意识普遍比较模糊，迫切需要政府加以引导。这次疫情大流行，给出行在外的人们提供了一次很好的案例教育，多数人意识到保护自身的安全可以通过购买救援保险而获得更好、更及时的服务。同时，各级政府应该把发展救援服务看成是保证社会安全的积极力量，鼓励或支持救援机构发展面向社会大众的救援服务。全球疫情缓解以后，人员跨界流动将逐步恢复，政府应积极倡导出行人员购买旅行保险，对于需要在疫情高发地区出行的人员应推荐购买救援保险，世界性、国家性的重大活动、体育赛事和高风险项目中更应该采取引导措施购买救援保险。

以上思考不一定成熟，供大家研讨时参考。

最后，祝本届论坛取得圆满成功，谢谢大家！

代序3
沈开涛：中国企业“走出去”要从五方面“缺什么补什么”

——全球投资贸易服务论坛暨驻华使馆及海外园区招商信息发布会讲话

尊敬的各位驻华大使先生们、参赞先生们，

各位专家、女士、先生们、新闻界的记者朋友们，

新浪网、优投网、“大救星”的网友们：

大家上午好！

2020中国企业走出去风险发布网络大会已成功举办，我认真听了发布会公正、公益、公信的内容，感觉收获颇丰。这两年西方一些国家单边主义抬头，多边贸易受到挑战，但对外投资的大环境还是向好。虽然不好的事情也有发生，但中国企业“走出去”的脚步没有放慢，越来越多的中国中小企业加入了“走出去”的大军，给包括中国在内的各国经济发展注入了活力。新冠肺炎疫情发生后，全球经济受到巨大冲击，产业链、供应链、价值链受到不同程度的损害。什么时候完全恢复稳定？经济全球化的格局会怎样调整？中国广大中小企业还能顺利地“走出去”吗？很多人心里没有答案，我认为目前影响中国企业“走出去”至少有三个不确定性。

一是受新冠肺炎疫情冲击的影响，不少国家都在强调把关系国家安全的产业搬回本土，会挤压中国企业对外投资的机遇。

二是全球金融市场大幅振荡，企业和国家债务违约的风险上升，不利于中小企业对外投资时进行融资。

三是包括欧盟成员在内的一些国家修订了外来投资政策，提高了投资准入的门槛，中小企业对外投资的成本肯定会增加。

那么是不是有了这些不确定性，中国广大中小企业就放弃“走出去”计划呢？我想不应该轻言放弃，因为“走出去”是时代的呼唤，符合企业生产经营规律和趋势。今天参加论坛的有驻华使馆的大使和商务参赞，有来自全球园区的开发商，还有来自各领域的专家学者，他们将从不同角度就中国企业“走出去”的前景进行深度解读，给

广大听众和观众以及“走出去”的中小企业提供思路。

在前不久，李克强总理做政府工作报告时讲了一段话：高质量共建“一带一路”，坚持共商共建共享，遵循市场原则和国际通行规则，发挥企业主体作用，开展互惠互利合作。引导投资健康发展。我为什么引用这段话，因为总理给中小企业“走出去”提出了明确的要求，这就是要自觉遵循市场原则和国际通行规则开展对外投资。现在的问题是广大中小企业也知道要遵循这些国际规则，但是他们缺少信息、人脉、人才、资金和风险管控五个方面的资源，导致“走出去”失败。因此中国企业“走出去”要看看自己具备的条件，缺什么就必须能够及时地补什么。

借此机会，我就缺什么就必须能够及时地补什么这个话题，谈谈我的个人看法。

第一，信息是成功“走出去”的前提。现在互联网上有很多“走出去”的相关信息，一些中介机构打着提供信息的招牌招揽生意，但是要想拿到真实的、准确的、有用的信息并不容易，尤其是供应链比较复杂的项目和产业，需要在几个国家通过跨国合作，才能形成完整的投资信息链，不少企业被假信息误导，盲目对外投资，造成亏本甚至失败。作为风险发布的主办方，我们一直致力于建立稳定的“走出去”信息采集渠道，并加强真实信息发布平台建设，借助科技手段提高对信息的整理发布和应用以及综合服务能力。

第二，人脉是成功“走出去”的条件。对外投资与合作不论是大项目还是小项目，比起国内的投资要复杂得多，仅就尽职调查这一件事就要到国外寻找称职的、守信的律师、税务师、会计师等专业机构，整个投资过程也要与政府、环保、法律、海关、园区等部门机构沟通，这些沟通都离不开人脉关系的建立，有了人脉关系才有成功“走出去”的条件。据我所知，广大中小企业最难的就是如何在短时间内建立境外人脉关系。目前按照政府倡导的“一带一路”综合服务平台已经搭建起来，在优投网平台上有一个重要功能，就是吸引各个服务商在平台上开店。通俗地说，就是建立一个为中国企业“走出去”服务的人脉关系网，广大中小企业可以通过优投网平台及时找到你需要的人脉关系，并且平台还能提供信用背书。

第三，人才是成功“走出去”的基础。我看到一份调研材料。目前在越南的中国企业有中国高级管理人员二十多万人，这些人才在国内本身就是各个方面的专业人员，到了越南就成为中资企业的中高层管理人员。上述情况是中国企业“走出去”的缩影之一，说明“走出去”的企业没有懂语言、懂技术、懂管理、懂法律的跨国人才就无法持久地发展下去。这方面的反面例子不少，比如承包工程，目前大量缺乏懂项目的工程经理，导致不少项目进展缓慢，解决人才问题，除了自我培养外，更重要的是要有全球招聘渠道。

第四，资金是成功“走出去”的关键。对外投资的周期一般都比较长，需要国内外融资才能保证资金运转，绝大多数对外工程承包、基础设施建设需要资金规模巨大，只有获得政府“背书”或银行授信、保险保障才能获得贷款，对广大“走出去”的中小企业来说，解决资金问题难度更大，有的虽然开工了，却因为缺少资金被迫停工。所以优投网平台要把融资功能作为一项重要服务，按照“走出去”的行业或产业，与金融机构共同建立融资平台，想方设法帮助中小企业解决对外投资的融资难问题。

第五，风险管控是成功“走出去”的保障。自2015年以来，中国企业走出去风险发布会已经连续举办了六届，并且拥有了跨境服务平台和对外投资服务体系，形成了覆盖全球的线上和线下相结合的对外投资以及风险管控的服务网络，已经成为一个国际品牌。希望广大“走出去”的中小企业加强与中国“走出去”风险发布会秘书处的对接，尤其是通过购买各类服务，享受相关信息和专业服务，积极参与政府或第三方举办的各种专业培训，提高风险防范能力，要优先使用针对投资政府的服务平台，加强与各国本地化服务商的合作，以有效规避各种风险。

最后，我希望中国广大中小企业都享有安全保障的“阳光”，在“走出去”的征程上平安、健康、顺利、圆满！

最后，祝2020全球投资贸易服务论坛暨驻华使馆及海外园区招商信息发布会圆满成功，谢谢大家！

第 1 部分

2019 年度中国对外直接投资与风险综述

1.1　商务部等部门联合发布《2019 年度中国对外直接投资统计公报》

2020 年 9 月 16 日，商务部、国家统计局和国家外汇管理局联合发布《2019 年度中国对外直接投资统计公报》（以下简称《公报》），正式公布 2019 年中国对外直接投资统计数据。

《公报》分中国对外直接投资概况、中国对外直接投资特点、中国对主要经济体的投资、对外直接投资者构成、对外直接投资企业的地区和行业分布、综合统计数据等六部分，介绍 2019 年中国对外直接投资情况。

《公报》显示，2019 年中国对外直接投资主要呈现以下特点：

一是对外直接投资流量蝉联全球第二，存量保持全球第三。2019 年中国对外直接投资 1 369.1 亿美元，同比下降 4.3%，流量规模仅次于日本（2 266.5 亿美元）。2019 年末，中国对外直接投资存量达 2.2 万亿美元，次于美国（7.7 万亿美元）和荷兰（2.6 万亿美元）。中国在全球外国直接投资中的影响力不断扩大，流量占全球比重连续 4 年超过一成，2019 年占 10.4%；存量占 6.4%，与上年持平。从双向投资情况看，2019 年中国对外直接投资规模低于吸引外资 3.1 个百分点。

二是投资覆盖全球 188 个国家和地区，对“一带一路”沿线国家投资稳步增长。截至 2019 年底，中国超 2.75 万家境内投资者在全球 188 个国家和地区设立对外直接投资企业 4.4 万家，全球 80% 以上国家和地区都有中国的投资，年末境外企业资产总额 7.2 万亿美元。在“一带一路”沿线国家设立境外企业超过 1 万家，2019 年当年实现直接投资 186.9 亿美元，同比增长 4.5%，占同期流量的 13.7%；年末存量 1 794.7 亿美元，占存量总额的 8.2%。2013 年至 2019 年中国对沿线国家累计直接投资 1 173.1 亿美元。

三是投资领域多元，八成存量集中在服务业。2019 年，中国对外直接投资涵盖国民经济的 18 个行业大类，超七成投资流向租赁和商务服务、制造、金融、批发和零售业四大行业。2019 年末，中国对外直接投资存量的八成集中在服务业，主要分布在租赁和商务服务、批发和零售、金融、信息传输/软件和信息技术服务、房地产、交通运输/仓储等领域。

四是中央企业和单位对外直接投资较快增长，地方企业存量占比超四成。2019 年，中央企业和单位对外非金融类直接投资 272.1 亿美元，同比增长 18%；地方企业 897.4 亿美元，同比下降 8.7%，占全国非金融类流量的 76.7%，较上年下降 4.3 个百分点。广东、上海、山东位列 2019 年地方对外直接投资前三名。2019 年末，地方企业对外非金融类直接投资存量达到 7 855. 5 亿美元，占全国非金融类直接投资存量的 40. 4%。

五是对东道国（地区）税收和就业贡献显著，对外投资双赢效果凸显。2019 年境外企业向投资所在国（地区）缴纳的各种税金总额达 560 亿美元，雇用外方员工 226. 6 万人，占境外企业员工总数的 60. 5%。对外投资带动出口 1 167 亿美元，占中国货物出口总值的 4. 7%，实现销售收入 25 120 亿美元，同比增长 4%。2019 年中国境外企业的经营情况良好，超七成企业盈利或持平。

1.2　2019 年度中国对外直接投资统计公报（全文）

2019 年，世界经济增速降至国际金融危机以来最低水平，全球货物贸易增速显著放缓，外国直接投资流出流量连续 3 年下降后同比增长 33.2%。中国经济运行总体平稳，对外开放水平不断提升，有关部门积极引导有条件的中国企业“走出去”，发展质量稳步提升。2019 年，中国对外直接投资流量 1 369.1 亿美元，蝉联全球第二位。

一、中国对外直接投资综述

（1）2019 年，中国对外直接投资净额（以下简称“流量”）为 1 369.1 亿美元，同比下降 4.3%。其中，新增股权投资 483.5 亿美元，占 35.3%；当期收益再投资 606.2 亿美元，占 44.3%；债务工具投资 279.4 亿美元，占 20.4%。

截至 2019 年底，中国 2.75 万家境内投资者在境外共设立对外直接投资企业（以下简称“境外企业”）4.4 万家，分布在全球 188 个国家和地区，年末境外企业资产总额 7.2 万亿美元。对外直接投资累计净额（以下简称“存量”）达 21 988.8 亿美元，其中，股权投资 12 096.7 亿美元，占 55%；收益再投资 6 866.4 亿美元，占 31.2%；债务工具投资 3 025.7 亿美元，占 13.8%。

表 1　2019 年中国对外直接投资流量、存量分类构成情况　单位：亿美元

分类＼指标	流量			存量	
	金额	同比（%）	比重（%）	金额	比重（%）
合计	1 369.1	-4.3	100.0	21 988.8	100.0
金融类	199.5	-8.1	14.6	2 545.3	11.6
非金融类	1 169.6	-3.6	85.4	19 443.5	88.4

说明：1. 金融类指境内投资者直接投向境外金融企业的投资；非金融类指境内投资者直接投向境外非金融企业的投资。

2. 2019 年非金融流量数据与商务部 2019 年快报数据（1 106 亿美元）差异主要为收益再投资部分。

联合国贸发会议（UNCTAD）《2020 世界投资报告》显示，2019 年，全球外国直接投资流出流量 1.31 万亿美元，年末存量 34.57 万亿美元。以此为基数计算，2019 年，中国对外直接投资分别占全球当年流量、存量的 10.4% 和 6.4%，流量位列按全球国家和地区排名的第 2 位，存量列第 3 位。

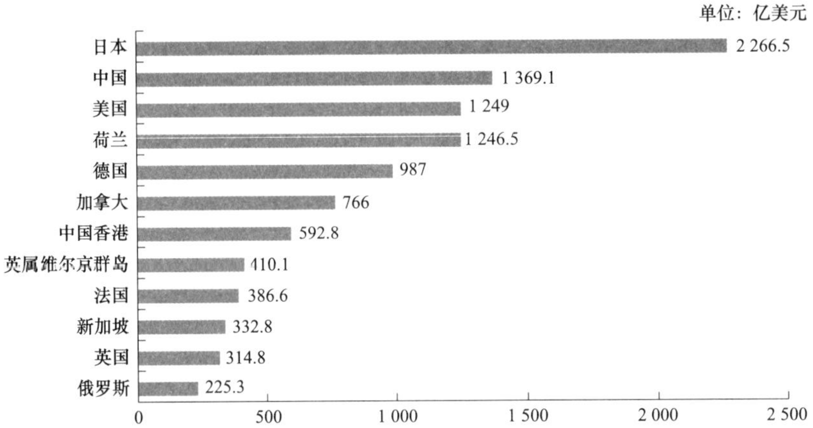

图 1　2019 年中国与全球主要国家和地区流量对比

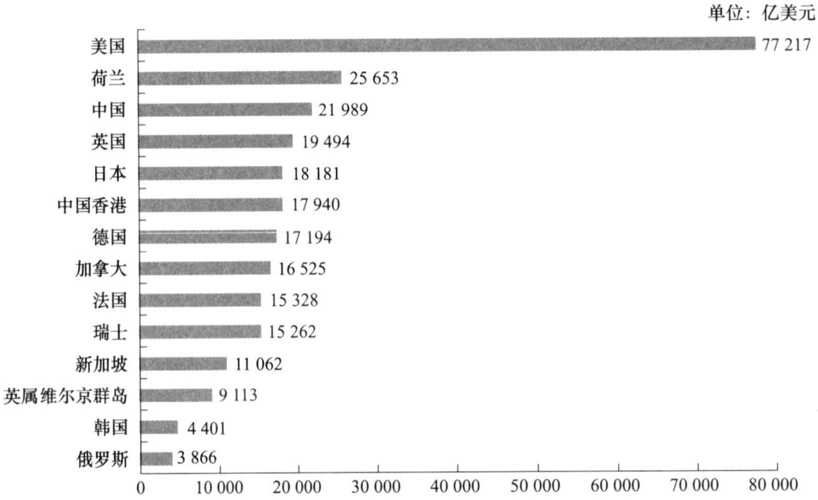

图 2　2019 年中国与全球主要国家和地区存量对比

注：2019 年中国对外直接投资数据来源于《中国对外直接投资统计公报》，其他国家和地区数据来源于联合国贸发会议《2020 世界投资报告》。

（2）2019 年，对外金融类直接投资流量 199.5 亿美元，同比下降 8.1%，其中，对外货币金融服务类（原银行业）直接投资 136.1 亿美元，占 68.2%。

2019 年末，对外金融类直接投资存量 2 545.3 亿美元，其中，对外货币金融服务类直接投资 1 439.4 亿美元，占 56.6%；保险业 71.3 亿美元，占 2.8%；资本市场服务（原证券业）153.5 亿美元，占 6%；其他金融业 881.1 亿美元，占 34.6%。

截至 2019 年末，中国国有商业银行在美国、日本、英国等 51 个国家和地区共开设 97 家分行、66 家附属机构，员工总人数达 5.1 万人，其中，雇用外方员工 4.4 万人，占 86.3%。2019 年末，中国在境外共设立保险机构 16 家。

（3）2019 年，对外非金融类直接投资流量 1 169. 6 亿美元，同比下降 3. 6%；对外投资带动出口 1 167 亿美元，占中国货物出口总值的 4. 7%；境外企业实现销售收入 25 120 亿美元，同比增长 4%。2019 年末，对外非金融类直接投资存量 19 443. 5 亿美元，境外企业资产总额 4. 4 万亿美元。

（4）2019 年，境外企业向投资所在国家和地区缴纳各种税金总额 560 亿美元；年末境外企业从业员工总数 374. 4 万人，其中，雇用外方员工 226. 6 万人，占 60. 5%，较上年末增加 38. 9 万人。

二、中国对外直接投资流量、存量

表 2　　中国建立《对外直接投资统计制度》以来各年份的统计结果

单位：亿美元

年份	流量			存量	
	金额	全球位次	同比（%）	金额	全球位次
2002	27. 0	26	—	299. 0	25
2003	28. 5	21	5. 6	332. 0	25
2004	55. 0	20	93. 0	448. 0	27
2005	122. 6	17	122. 9	572. 0	24
2006	211. 6	13	43. 8	906. 3	23
2007	265. 1	17	25. 3	1 179. 1	22
2008	559. 1	12	110. 9	1 839. 7	18
2009	565. 3	5	1. 1	2 457. 5	16
2010	688. 1	5	21. 7	3 172. 1	17
2011	746. 5	6	8. 5	4 247. 8	13
2012	878. 0	3	17. 6	5 319. 4	13
2013	1 078. 4	3	22. 8	6 604. 8	11
2014	1 231. 2	3	14. 2	8 826. 4	8
2015	1 456. 7	2	18. 3	10 978. 6	8
2016	1 961. 5	2	34. 7	13 573. 9	6
2017	1 582. 9	3	-19. 3	18 090. 4	2
2018	1 430. 4	2	-9. 6	19 822. 7	3
2019	1 369. 1	2	-4. 3	21 988. 8	3

注：1. 2002—2005 年数据为中国对外非金融类直接投资数据，2006—2019 年数据为对外全行业直接投资数据。

2. 2006 年同比为对外非金融类直接投资比值。

（一）2019 年中国对外直接投资流量

1. 流量蝉联全球第二，占比保持一成。

2019 年，世界经济增速 2.9%，为 2008 年金融危机以来最低增长，货物贸易则由上年的 3.8% 降至 0.9%。在全球外国直接投资连续 3 年下滑后，2019 年流出流量高达 1.31 万亿美元，同比增长 33.2%，其中，发达经济体对外投资增长 71.1%，发展中经济体下降 10%。2019 年，中国对外直接投资 1 369.1 亿美元，同比下降 4.3%，流量规模低于日本（2 266.5 亿美元），全球排名继续列第二位，占全球份额的 10.4%。

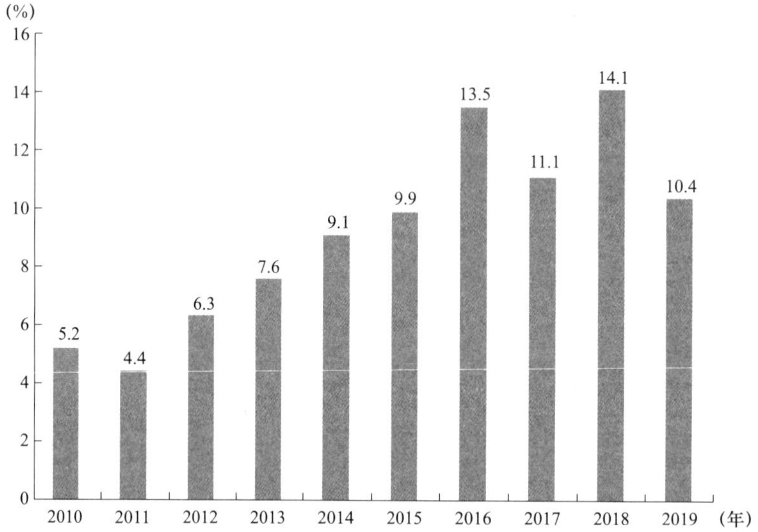

图 3　2010—2019 年中国对外直接投资流量占全球份额情况

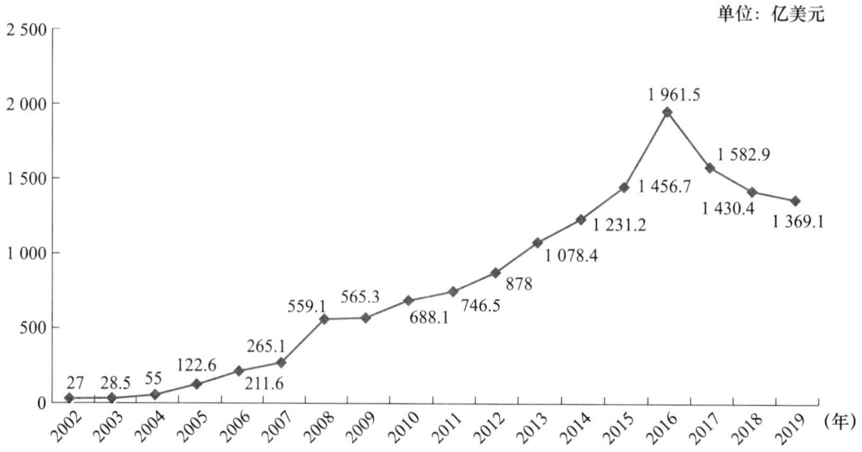

图 4　2002—2019 年中国对外直接投资流量情况

自 2003 年中国有关部门权威发布年度数据以来，中国已连续 8 年位列全球对外直接投资流量前三，对世界经济的贡献日益凸显。2019 年流量是 2002 年的 51 倍，占全球比重连续 4 年超过一成，中国对外投资在全球外国直接投资中的影响力不断扩大。从双向投资流量看，中国对外直接投资规模低于吸引外资（1 412. 3 亿美元）3. 1 个百分点。

2002—2019 年，中国对外投资的年均增长速度高达 26%，2013—2019 年累计流量达 10 110. 3 亿美元，占对外直接投资存量规模的 46%。

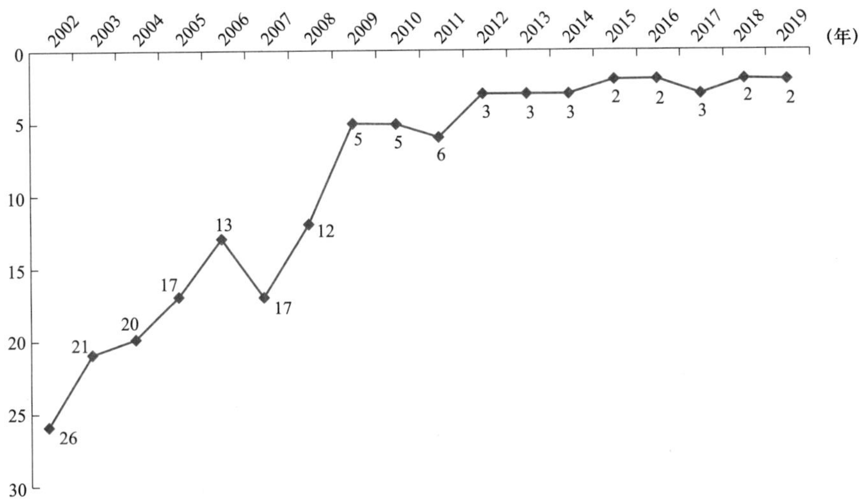

图 5 2002—2019 年中国对外直接投资流量在全球的位次

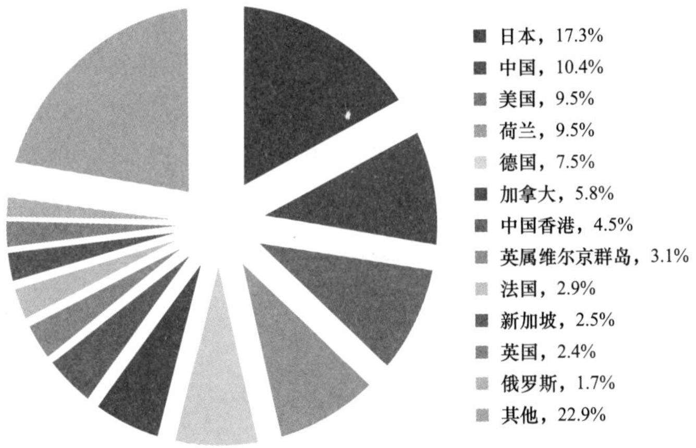

图 6 2019 年全球主要对外投资国家和地区流量占比情况

注：其他国家和地区数据来源于联合国贸发会议《2020 世界投资报告》。

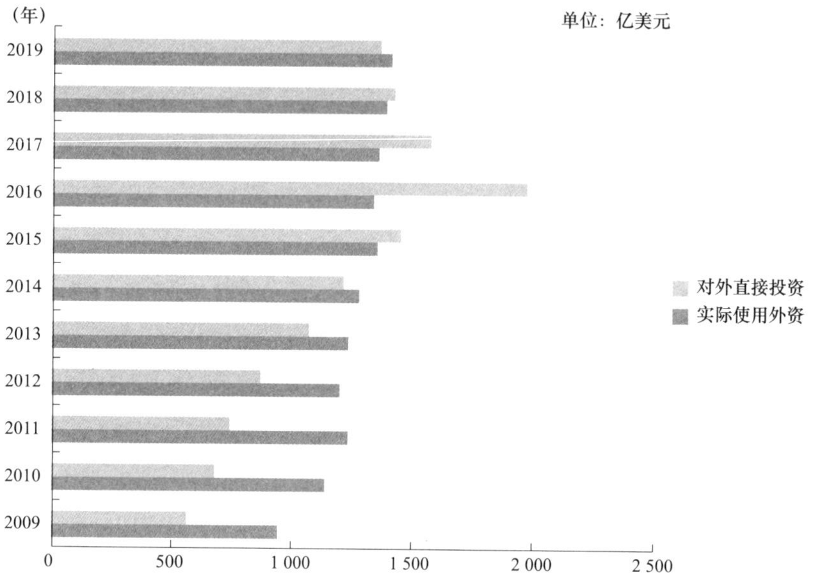

图 7　2009—2019 年中国双向直接投资对比

注：2009—2019 年中国实际使用外资数据来源于联合国贸发会议《2020 世界投资报告》。

2. 对外投资并购交易数量增加，但并购金额下降五成。

2019 年，中国对外并购稳步发展，企业共实施对外投资并购项目 467 起（较上年增加 34 起），涉及 68 个国家和地区（较上年增加 5 个），实际交易总额 342.8 亿美元，同比下降 53.8%。其中，直接投资 172.2 亿美元，占并购总额的 50.2%，占当年中国对外直接投资总额的 12.6%；境外融资 170.6 亿美元，占并购金额的 49.8%。

表 3　　2004—2019 年中国对外直接投资并购情况

单位：亿美元

年份	并购金额	同比（%）	比重（%）
2004	30.0	—	54.4
2005	65.0	116.7	53.0
2006	82.5	26.9	39.0
2007	63.0	-23.6	23.8
2008	302.0	379.4	54.0
2009	192.0	-36.4	34.0
2010	297.0	54.7	43.2
2011	272.0	-8.4	36.4

续表

年份	并购金额	同比（%）	比重（%）
2012	434. 0	59. 6	31. 4
2013	529. 0	21. 9	31. 3
2014	569. 0	7. 6	26. 4
2015	544. 4	-4. 3	25. 6
2016	1 353. 3	148. 6	44. 1
2017	1 196. 2	-11. 6	21. 1
2018	742. 3	-37. 9	21. 7
2019	342. 8	-53. 8	12. 6

注：2012—2019 年并购金额包括境外融资部分，比重为并购金额中直接投资占当年流量的比重。

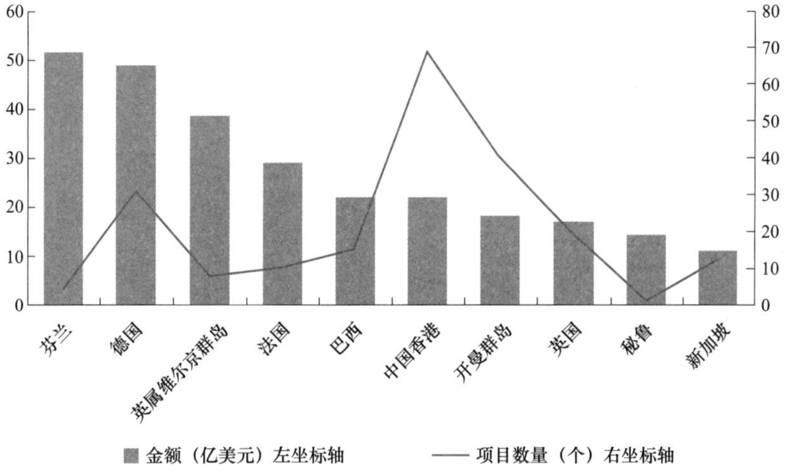

图 8　2019 年中国企业对外投资并购十大目的地（按并购金额）

表 4　　2019 年中国对外投资并购行业构成

单位：亿美元

行业类别	数量（起）	金额	金额占比（%）
制造业	179	142. 7	41. 6
信息传输/软件和信息技术服务业	49	72. 5	21. 2
电力/热力/燃气及水的生产和供应业	31	45. 4	13. 3
金融业	8	18. 0	5. 3

续表

行业类别	数量（起）	金额	金额占比（%）
租赁和商务服务业	33	14.3	4.2
科学研究和技术服务业	47	12.4	3.6
农/林/牧/渔业	18	11.0	3.2
采矿业	17	10.0	2.9
批发和零售业	48	8.7	2.5
交通运输/仓储和邮政业	11	2.8	0.8
文化/体育和娱乐业	7	1.6	0.5
房地产业	2	1.5	0.4
住宿和餐饮业	1	0.8	0.2
教育	5	0.6	0.2
其他行业	11	0.5	0.1
总计	467	342.8	100.0

2019 年，中国企业对外投资并购涉及制造业、信息传输/软件和信息技术服务业、电力/热力/燃气及水的生产和供应业等 18 个行业大类。从并购金额上看，制造业 142.7 亿美元，位居首位，涉及 179 个项目；信息传输/软件和信息技术服务业 72.5 亿美元，位居次席，涉及 49 个项目；电力/热力/燃气及水的生产和供应业 45.4 亿美元，居第三位，涉及 31 个项目。

2019 年，中国企业对外投资并购分布在全球 68 个国家和地区，从并购金额看，芬兰、德同、英属维尔京群岛、法同、巴西、中国香港、开曼群岛、英国、秘鲁和新加坡位列前 10。

2019 年，中国企业对“一带一路”沿线国家实施并购项目 91 起，并购金额 29.4 亿美元，占并购总额的 8.6%。其中，新加坡、科威特、马来西亚吸引中国企业并购投资超 5 亿美元。

3. 收益再投资占比创历史最高，股权投资降幅较大。

从对外直接投资流量构成上看，2019 年，新增股权投资 483.5 亿美元，同比下降 31.3%，占流量总额的 35.3%；债务工具投资（仅涉及对外非金融类企业）为 279.4 亿美元，占 20.4%；2019 年，中国境外企业的经营情况良好，超七成企业盈利或持平，当年收益再投资（即新增留存收益）606.2 亿美元，占同期中国对外直接投资流量的 44.3%，投资占比创历史最高值。

表 5　　2006—2019 年中国对外直接投资流量构成

单位：亿美元

年份	流量	新增股权		当期收益再投资		债务工具投资	
		金额	比重（%）	金额	比重（%）	金额	比重（%）
2006	211.6	51.7	24.4	66.5	31.4	93.4	44.2
2007	265.1	86.9	32.8	97.9	36.9	80.3	30.3
2008	559.1	283.6	50.7	98.9	17.7	176.6	31.6
2009	565.3	172.5	30.5	161.3	28.5	231.5	41.0
2010	688.1	206.4	30.0	240.1	34.9	241.6	35.1
2011	746.5	313.8	42.0	244.6	32.8	188.1	25.2
2012	878.0	311.4	35.5	224.7	25.6	341.9	38.9
2013	1 078.4	307.3	28.5	383.2	35.5	387.9	36.0
2014	1 231.2	557.3	45.3	444.0	36.1	229.9	18.6
2015	1 456.7	967.1	66.4	379.1	26.0	110.5	7.6
2016	1 961.5	1 141.3	58.2	306.6	15.6	513.6	26.2
2017	1 582.9	679.9	42.9	696.4	44.0	206.6	13.1
2018	1 430.4	704.0	49.2	425.3	29.7	301.1	21.1
2019	1 369.1	483.5	35.3	606.2	44.3	279.4	20.4

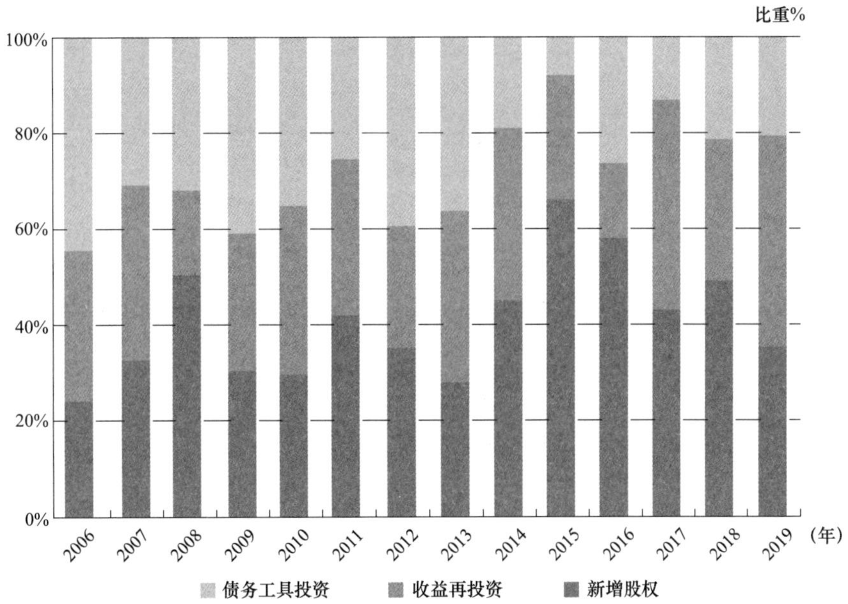

图 9　2006—2019 年中国对外直接投资构成情况

4. 超七成投资流向租赁和商务服务、制造、金融、批发和零售领域。

2019 年，中国对外直接投资涵盖了国民经济的 18 个行业大类。其中，流向传统租赁和商务服务、制造、金融、批发和零售业的投资均超过百亿美元。租赁和商务服务业保持第一位，制造业位列第二。

流向租赁和商务服务业的投资 418.8 亿美元，同比下降 17.6%，占当年流量总额的 30.6%。投资主要分布在中国香港、英属维尔京群岛、新加坡、英国、澳大利亚等国家和地区。

制造业 202.4 亿美元，同比增长 6%，占 14.8%。主要流向汽车制造、化学纤维制造、有色金属冶炼和压延加工、医药制造、化学原料和化学制品、橡胶和塑料制品、铁路/船舶/航空航天和其他运输设备制造、电气机械和器材制造、专用设备制造、通用设备制造、黑色金属冶炼和压延加工、非金属矿物制品、造纸和纸制品业等。其中，流向装备制造业的投资 62.7 亿美元，同比下降 45%，占制造业投资的 31%。

金融业 199.5 亿美元，同比下降 8.1%，占 14.6%。2019 年，中国金融业境内投资者对境外金融类企业的直接投资 186 亿美元，占 93.2%；中国非金融业境内投资者投向境外金融企业的投资 13.5 亿美元，占 6.8%。

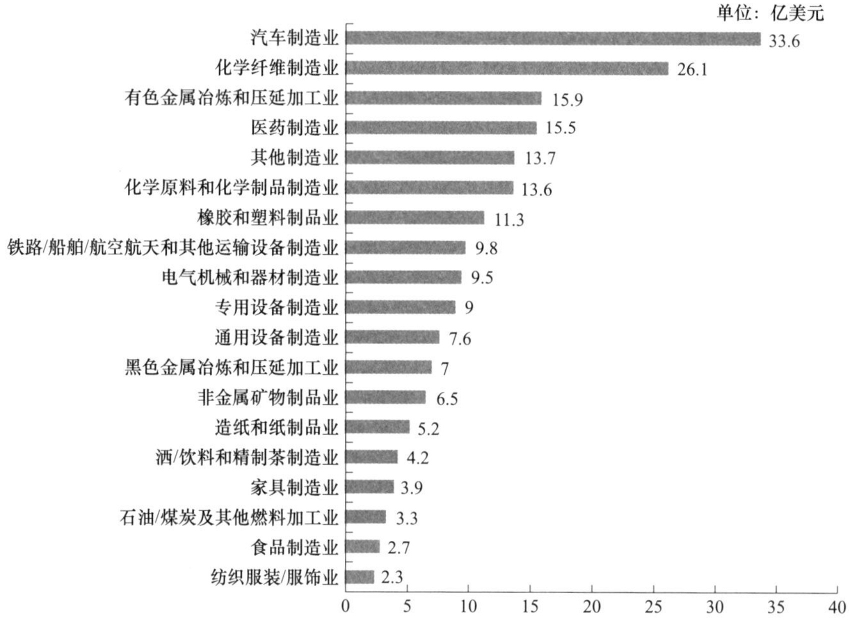

图 10　2019 年中国对外制造业投资流向的主要二级类别

批发和零售业 194.7 亿美元，同比增长 59.1%，占 14.2%。主要流向中国香港、新加坡、英属维尔京群岛、美国、日本、英国、德国等。

上述四领域合计投资 1 015.4 亿美元，占流量总额的 74.2%。

此外，2019 年，流向信息传输/软件和信息技术服务业的投资 54.8 亿美元，同比下降 2.7%，占流量总额的 4%。

采矿业 51.3 亿美元，同比增长 10.8%，占 3.7%。

交通运输/仓储和邮政业 38.8 亿美元，同比下降 24.8%，占 2.8%。

电力/热力/燃气及水的生产和供应业 38.7 亿美元，同比下降 17.7%，占 2.8%。

建筑业 37.8 亿美元，同比增长 4.5%，占 2.8%。

科学研究和技术服务业 34.3 亿美元，占 2.5%。

房地产业 34.2 亿美元，占 2.5%。

农/林/牧/渔业 24.4 亿美元，占 1.8%。

居民服务/修理和其他服务业 16.7 亿美元，占 1.2%。

教育 6.5 亿美元，占 0.5%。

住宿和餐饮业 6 亿美元，占 0.4%。

文化/体育和娱乐业 5.2 亿美元，占 0.4%。

流向卫生和社会工作、水利/环境和公共设施管理业的投资均占 0.2%。

表 6　　2019 年中国对外直接投资流量行业分布情况

单位：亿美元

行业	流量	同比（%）	比重（%）
合计	1 369.1	-4.3	100.0
租赁和商务服务业	418.8	-17.6	30.6
制造业	202.4	6.0	14.8
金融业	199.5	-8.1	14.6
批发和零售业	194.7	59.1	14.2
信息传输/软件和信息技术服务业	54.8	-2.7	4.0
采矿业	51.3	10.8	3.7
交通运输/仓储和邮政业	38.8	-24.8	2.8
电力/热力/燃气及水的生产和供应业	38.7	-17.7	2.8
建筑业	37.8	4.5	2.8
科学研究和技术服务业	34.3	-9.7	2.5

续表

行业	流量	同比（%）	比重（%）
房地产业	34.2	11.5	2.5
农/林/牧/渔业	24.4	-4.8	1.8
居民服务/修理和其他服务业	16.7	-27.8	1.2
教育	6.5	13.2	0.5
住宿和餐饮业	6.0	-55.4	0.4
文化/体育和娱乐业	5.2	-55.1	0.4
水利、环境和公共设施管理业	2.7	51.1	0.2
卫生和社会工作	2.3	-56.7	0.2

5. 对欧洲投资快速增长，对拉丁美洲、北美洲、非洲投资降幅较大。

2019 年，流向欧洲的投资 105.2 亿美元，同比增长 59.6%，占当年对外直接投资流量的 7.7%，较上年提升 3.1 个百分点。主要流向荷兰（38.9 亿美元）、瑞典（19.2 亿美元）、德国（14.6 亿美元）、英国（11 亿美元）、卢森堡（6.9 亿美元）、瑞士（6.8 亿美元）、意大利（6.5 亿美元）等国家。

流向亚洲的投资 1 108.4 亿美元，同比增长 5.1%，占当年对外直接投资流量的 80.9%。其中，对中国香港投资 905.5 亿美元，同比增长 4.2%，占对亚洲投资的 81.7%；对东盟 10 国投资 130.2 亿美元，同比下降 4.9%，占对亚洲投资的 11.8%。

流向拉丁美洲的投资 63.9 亿美元，同比下降 56.3%，占当年对外直接投资流量的 4.7%。主要流向英属维尔京群岛（86.8 亿美元）、巴西（8.6 亿美元）、智利（6.1 亿美元）、阿根廷（3.5 亿美元）、秘鲁（3.5 亿美元）、墨西哥（1.6 亿美元）等。对开曼群岛和委内瑞拉的投资呈负流量，分别为-43.6 亿美元和-2.2 亿美元。

流向北美洲的投资 43.7 亿美元，同比下降 49.9%，占当年对外直接投资流量的 3.2%。其中，对美国投资 38.1 亿美元，同比下降 49.1%；对加拿大投资 4.7 亿美元，同比下降 69.7%。流向非洲的投资 27.1 亿美元，同比下降 49.9%，占当年对外直接投资流量的 2%。主要流向刚果（金）、安哥拉、埃塞俄比亚、南非、毛里求斯、尼日尔、赞比亚、乌干达、尼日利亚等国家。

流向大洋洲的投资 20.8 亿美元，同比下降 6.3%，占当年对外直接投资流量的 1.5%。主要流向澳大利亚、新西兰、马绍尔群岛、瓦努阿图等国家。

表 7　　2019 年中国对外直接投资流量地区构成情况

单位：亿美元

洲别	金额	同比（%）	比重（%）
亚洲	1 108.4	5.1	80.9
拉丁美洲	63.9	-56.3	4.7
北美洲	43.7	-49.9	3.2
欧洲	105.2	59.6	7.7
非洲	27.1	-49.9	2.0
大洋洲	20.8	-6.3	1.5
合计	1 369.1	-4.3	100.0

表 8　　2019 年中国对外直接投资流量前 20 位的国家和地区

单位：亿美元

序号	国家和地区	流量	占总额比重（%）
1	中国香港	905.5	66.1
2	英属维尔京群岛	86.8	6.3
3	新加坡	48.3	3.5
4	荷兰	38.9	2.8
5	美国	38.1	2.8
6	印度尼西亚	22.2	1.6
7	澳大利亚	20.9	1.5
8	瑞典	19.2	1.4
9	越南	16.5	1.2
10	德国	14.6	1.1
11	泰国	13.7	1.0
12	阿拉伯联合酋长国	12.1	0.9
13	老挝	11.5	0.8
14	马来西亚	11.1	0.8
15	英国	11.0	0.8
16	刚果（金）	9.3	0.7

续表

序号	国家和地区	流量	占总额比重（%）
17	伊拉克	8.9	0.7
18	巴西	8.6	0.6
19	哈萨克斯坦	7.9	0.6
20	柬埔寨	7.5	0.6
合计		1 312.6	95.8

6. 对“一带一路”沿线国家投资稳步增长。

2019 年末，中国境内投资者在“一带一路”沿线的 63 个国家设立境外企业近 1.1 万家，涉及国民经济 18 个行业大类，当年实现直接投资 186.9 亿美元，同比增长 4.5%，占同期中国对外直接投资流量的 13.7%。从行业构成看，流向制造业的投资 67.9 亿美元，同比增长 15.5%，占 36.3%；批发和零售业 25.1 亿美元，占 13.4%；建筑业 22.4 亿美元，占 12%；金融业 15.9 亿美元，占 8.5%；科学研究和技术服务业 13.5 亿美元，占 7.2%；电力生产和供应业 13.4 亿美元，占 7.2%。从国别构成看，主要流向新加坡、印度尼西亚、越南、泰国、阿拉伯联合酋长国、老挝、马来西亚、哈萨克斯坦、柬埔寨等国家。2013—2019 年，中国对沿线国家累计直接投资 1 173.1 亿美元。

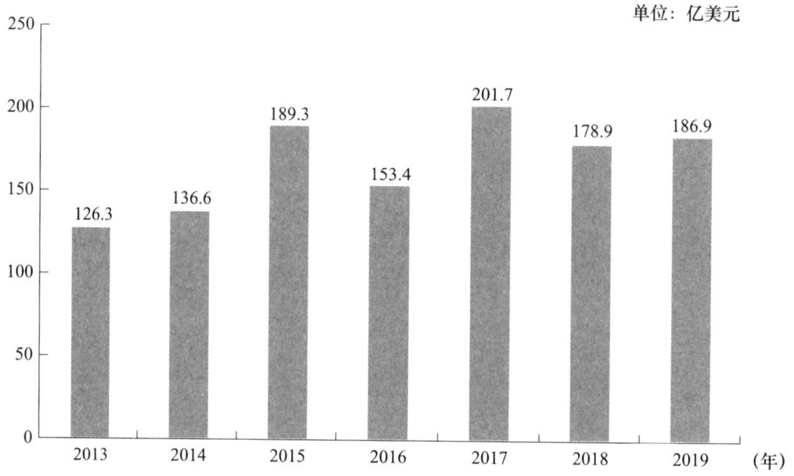

图 11　2013—2019 年中国对“一带一路”沿线国家投资流量

7. 中央企业和单位对外投资较快增长，地方企业下降近一成。

2019 年，中央企业和单位对外非金融类直接投资流量 272.1 亿美元，同比增长

18%；地方企业 897.4 亿美元，同比下降 8.7%，占全国非金融类流量的 76.7%，较上年下降 4.3 个百分点。其中，东部地区 715.6 亿美元，同比下降 5.6%，占地方投资流量的 79.7%；西部地区 78.1 亿美元，同比下降 22.4%，占 8.7%；中部地区 91.1 亿美元，同比下降 10.2%，占 10.2%；东北三省 12.6 亿美元，同比下降 43.8%，占 1.4%。广东、上海、山东、浙江、北京、江苏、天津、福建、河南、海南列地方对外直接投资流量前 10 位，合计 723.8 亿美元，占地方对外直接投资流量的 80.7%。

表 9　　2019 年地方对外直接投资流量按区域分布情况

单位：亿美元

地区	流量	比重（%）	同比（%）
东部地区	715.6	79.7	-5.6
中部地区	91.1	10.2	-10.2
西部地区	78.1	8.7	-22.4
东北三省	12.6	1.4	-43.8
合计	897.4	100.0	-8.7

注：1. 东部地区包括北京、天津、河北、上海、江苏、浙江、福建、山东、广东和海南。
2. 中部地区包括山西、安徽、江西、河南、湖北、湖南。
3. 西部地区包括内蒙古、广西、四川、重庆、贵州、云南、陕西、甘肃、青海、宁夏、新疆、西藏。
4. 东北三省包括黑龙江、吉林、辽宁。

表 10　　2019 年地方对外直接投资流量前 10 位的省、市、区

单位：亿美元

序号	省、市、区	流量	占地方比重（%）
1	广东省	167.0	18.6
2	上海市	104.9	11.7
3	山东省	102.4	11.4
4	浙江省	89.5	10.0
5	北京市	82.7	9.2
6	江苏省	51.2	5.7
7	天津市	44.0	4.9
8	福建省	29.0	3.2
9	河南省	27.5	3.1
10	海南省	25.6	2.9
合计		723.8	80.7

8. 非公经济控股主体投资规模略高于公有经济。

2019 年，中国对外非金融类投资流量中，非公有经济控股的境内投资者对外投资 588.7 亿美元，同比下降 22.2%，占 50.3%；公有经济控股对外投资 580.9 亿美元，同比增长 27%，占 49.7%。

（二）2019 年末中国对外直接投资存量

1. 在全球的位置和比重。

2019 年末，中国对外直接投资存量 21 988.8 亿美元，较上年末增加 2 166.1 亿美元，是 2002 年末存量的 73.5 倍，占全球外国直接投资流出存量的份额由 2002 年的 0.4%提升至 6.4%，排名由第 25 位攀升至第三位，仅次于美国（7.7 万亿美元）、荷兰（2.6 万亿美元）。从存量规模上看，中国与美国差距较大，仅相当于美国的 28.5%。

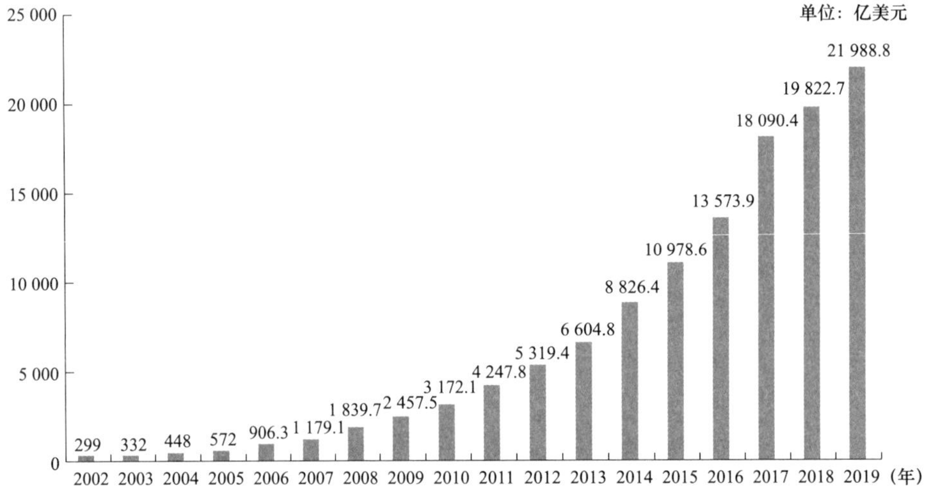

图 12　2002—2019 年中国对外直接投资存量情况

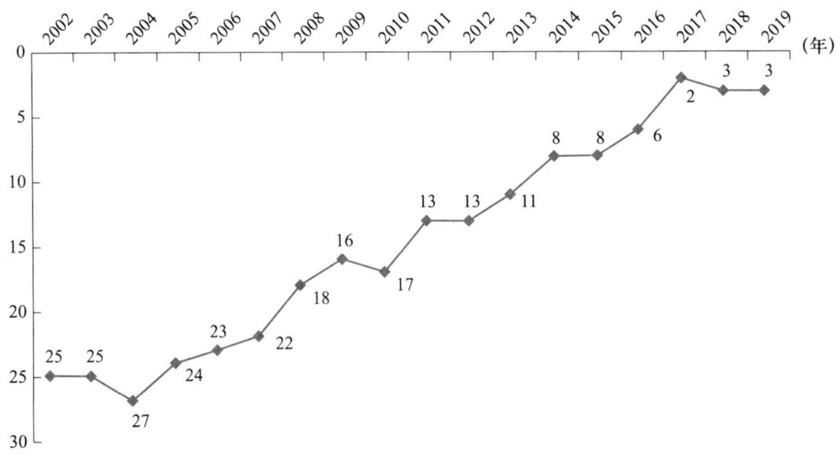

图 13　2002—2019 年中国对外直接投资存量在全球的位次

表 11　　2019 年末全球对外直接投资存量上万亿美元的国家和地区

单位：亿美元

排名	国家和地区	2019 年末存量	占全球比重（%）
1	美国	77 217	22.3
2	荷兰	25 653	7.4
3	中国	21 989	6.4
4	英国	19 494	5.6
5	日本	18 181	5.3
6	中国香港	17 940	5.2
7	德国	17 194	5.0
8	加拿大	16 525	4.8
9	法国	15 328	4.4
10	瑞士	15 262	4.4
11	新加坡	11 062	3.2
	合计	255 845	74.0

注：2019 年中国对外直接投资数据来源于《中国对外直接投资统计公报》，其他国家和地区数据来源于联合国贸发会议《2020 世界投资报告》。

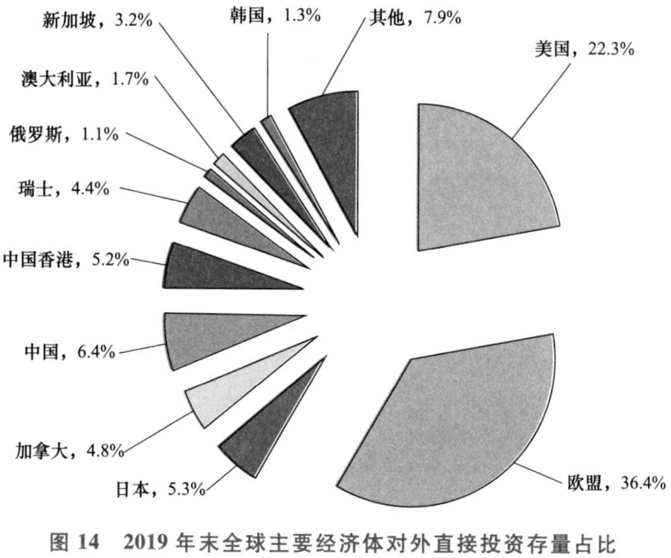

图 14　2019 年末全球主要经济体对外直接投资存量占比

2. 国家和地区分布。

2019年末，中国对外直接投资存量分布在全球的188个国家和地区，占全球国家和地区总数的80.7%。

2019年末，中国在亚洲的投资存量为14 602.2亿美元，占66.4%，主要分布在中国香港、新加坡、印度尼西亚、中国澳门、老挝、马来西亚、阿拉伯联合酋长国、哈萨克斯坦、泰国、越南、韩国、柬埔寨等；中国香港占亚洲存量的87.3%。

拉丁美洲4 360.5亿美元，占19.8%，主要分布在开曼群岛、英属维尔京群岛、巴西、委内瑞拉、阿根廷、秘鲁、智利、牙买加、墨西哥、特立尼达和多巴哥、厄瓜多尔、巴拿马等。其中，开曼群岛和英属维尔京群岛合计存量3 897.2亿美元，占对拉美地区投资存量的95.8%。

欧洲1 143.8亿美元，占5.2%，主要分布在荷兰、英国、德国、卢森堡、俄罗斯、瑞典、法国、瑞士、意大利、挪威、西班牙、爱尔兰等。2019年末，在中东欧17国的投资存量为28.4亿美元，占对欧洲投资的2.5%。

北美洲1 002.3亿美元，占4.6%，主要分布在美国、加拿大。

非洲443.9亿美元，占2%，主要分布在南非、刚果（金）、安哥拉、赞比亚、埃塞俄比亚、尼日利亚、加纳、阿尔及利亚、津巴布韦、肯尼亚、坦桑尼亚、毛里求斯、苏丹、莫桑比克、埃及等。

大洋洲436.1亿美元，占2%，主要分布在澳大利亚、新西兰、巴布亚新几内亚、萨摩亚、斐济、瓦努阿图等。

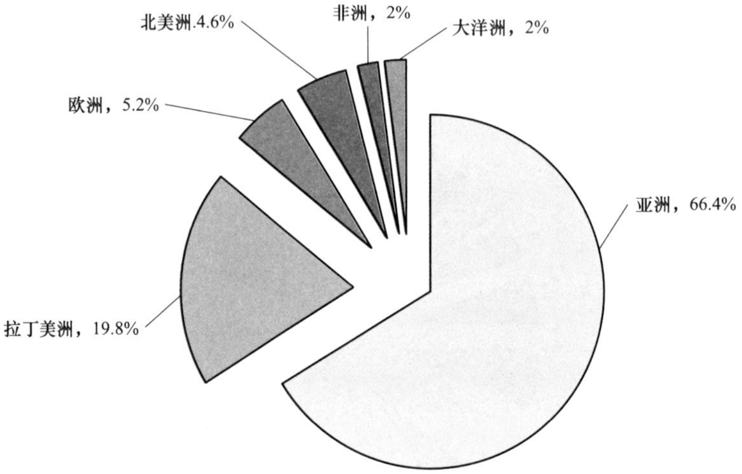

图15　2019年中国对外直接投资存量地区分布情况

中国对外直接投资存量的近九成分布在发展中经济体。2019年末，中国在发展中经济体的投资存量为19 206亿美元，占87.3%，其中，中国香港12 753.6亿美元，占发展中经济体投资存量的 66. 4%；东盟 1 098. 9 亿美元，占 5. 7%。

2019 年末，中国在发达经济体的直接投资存量 2 494. 6 亿美元，占 11. 4%。其中，欧盟 939. 1 亿美元，占在发达经济体投资存量的 37. 6%；美国 778 亿美元，占 31. 2%；澳大利亚 380. 7 亿美元，占 15. 3%；加拿大 140. 9 亿美元，占 5. 7%；瑞士 56. 6 亿美元，占 2. 3%；日本 41 亿美元，占 1. 6%；以色列 37. 8 亿美元，占 1. 5%；新西兰 24. 6 亿美元，占 1%；挪威 12. 5 亿美元，占 0. 5%。

表 12　2019 年末中国在发达国家和地区直接投资存量情况

单位：亿美元

国家、经济体	存量	比重（%）
欧盟	939. 1	37. 6
美国	778. 0	31. 2
澳大利亚	380. 7	15. 3
加拿大	140. 9	5. 7
百慕大	83. 4	3. 3
瑞士	56. 6	2. 3
日本	41. 0	1. 6
以色列	37. 8	1. 5
新西兰	24. 6	1. 0
挪威	12. 5	0. 5
合计	2 494. 6	100. 0

2019 年末，中国在转型经济体的直接投资存量 288. 2 亿美元，占存量总额的 1. 3%。其中，俄罗斯 128 亿美元，占转型经济体投资存量的 44. 4%；哈萨克斯坦 72. 5 亿美元，占 25. 2%；乌兹别克斯 132. 5 亿美元，占 11. 3%；塔吉克斯坦 19. 5 亿美元，占 6. 8%；吉尔吉斯斯坦 15. 5 亿美元，占 5. 4%；格鲁吉亚 6. 7 亿美元，占 2. 3%；白俄罗斯 6. 5 亿美元，占 2. 3%；土库曼斯坦 2. 3 亿美元，占 0. 8%。

2019 年末，中国对外直接投资存量前 20 位的国家和地区累计达到 20 308. 7 亿美元，占中国对外直接投资存量的 92. 4%。分别是：中国香港、开曼群岛、英属维尔京群岛、美国、新加坡、澳大利亚、荷兰、英国、印度尼西亚、德国、加拿大、卢森堡、俄罗斯、中国澳门、瑞典、百慕大群岛、老挝、马来西亚、阿拉伯联合酋长国、哈萨克斯坦。

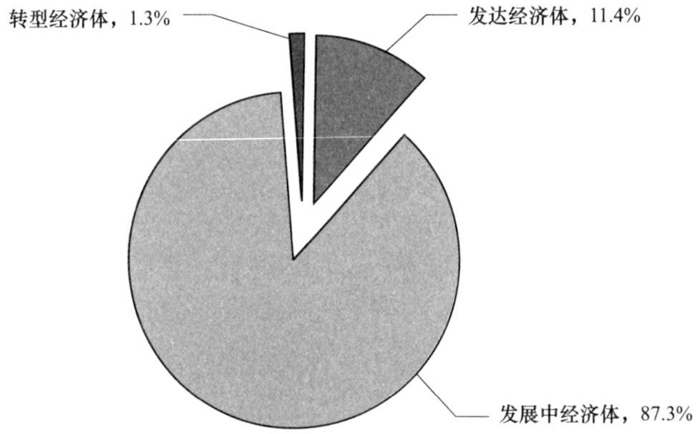

图 16　2019 年末中国对经济体直接投资存量构成

表 13　2019 年末中国对外直接投资存量前 20 位的国家和地区

单位：亿美元

序号	国家和地区	存量	比重（%）
1	中国香港	12 753.6	58.0
2	开曼群岛	2 761.5	12.6
3	英属维尔京群岛	1 418.8	6.5
4	美国	778.0	3.5
5	新加坡	526.4	2.4
6	澳大利亚	380.7	1.7
7	荷兰	238.5	1.1
8	英国	171.4	0.8
9	印度尼西亚	151.3	0.7
10	德国	142.3	0.7
11	加拿大	140.9	0.6
12	卢森堡	139.0	0.6
13	俄罗斯	128.0	0.6
14	中国澳门	98.5	0.4
15	瑞典	85.8	0.4
16	百慕大群岛	83.4	0.4
17	老挝	82.5	0.4
18	马来西亚	79.2	0.4

续表

序号	国家和地区	存量	比重（%）
19	阿拉伯联合酋长国	76.4	0.3
20	哈萨克斯坦	72.5	0.3
合计		20 308.7	92.4

2019 年末，中国对“一带一路”沿线国家的直接投资存量为 1 794.7 亿美元，占中国对外直接投资存量的 8.2%。存量位列前 10 位的国家是：新加坡、印度尼西亚、俄罗斯、老挝、马来西亚、阿拉伯联合酋长国、哈萨克斯坦、泰国、越南、柬埔寨。

3. 行业分布。

（1）按国民经济行业分。

2019 年末，中国对外直接投资覆盖了国民经济所有行业类别，存量规模上千亿美元的行业有 6 个。租赁和商务服务业以 7 340.8 亿美元高居榜首，占中国对外直接投资存量的 33.4%。其包括以投资控股为主的对外投资活动，主要分布在中国香港、英属维尔京群岛、开曼群岛、新加坡、美国、澳大利亚、英国等国家和地区。

批发和零售业 2 955.4 亿美元，位列第二，占 13.5%。

金融业 2 545.3 亿美元，位列第三，占 11.6%。

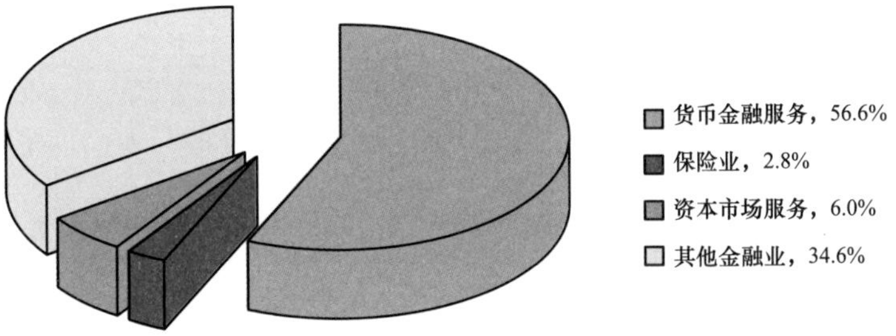

图 17　2019 年末中国对外金融业投资存量构成

信息传输/软件和信息技术服务业 2 022.1 亿美元，占 9.2%，是中国自然人对外投资较为聚集的领域。

制造业 2 001.4 亿美元，占 9.1%，主要分布在汽车制造、计算机/通信及其他电子设备制造、化学原料及化学制品制造、专用设备制造、金属制品、非金属矿物制品、其他制造等领域。其中，装备制造业存量 1 035.6 亿美元，占制造业投资存量的 51.7%。

采矿业 1 754 亿美元，占 8%，主要分布在石油和天然气开采、有色金属矿采选、黑色金属矿采选、煤炭开采等领域。

以上六个行业存量合计 18 619 亿美元，占中国对外直接投资存量的 84.8%。其他主要行业分布情况：

房地产业 776.1 亿美元，占 3.5%。

交通运输/仓储和邮政业 765.3 亿美元，占 3.5%，主要分布在水上运输、多式联运和运输代理、航空运输、管道运输等。

科学研究和技术服务业 460.1 亿美元，占 2.1%，主要为科技推广和应用服务、专业技术服务、研究试验和发展等。

建筑业 422.3 亿美元，占 1.9%，主要是房屋建筑、土木工程、建筑安装、建筑装饰/装修和其他建筑业的投资。

电力/热力/燃气及水的生产和供应业 330.6 亿美元，占 1.5%，主要为电力生产和供应业的投资。

农/林/牧/渔业 196.7 亿美元，占 0.9%，其中，农业占 28.7%；林业占 18.5%；渔业占 8.2%；畜牧业占 4.8%；农/林/牧/渔专业及辅助性活动占 39.8%。

居民服务/修理和其他服务业 136 亿美元，占 0.6%，主要是其他服务业及居民服务业的投资。

文化/体育和娱乐业 126.3 亿美元，占 0.6%。

住宿和餐饮业 49.2 亿美元，占 0.2%。

教育 42.9 亿美元，占 0.2%。

水利/环境和公共设施管理业 33 亿美元，占 0.1%。

卫生和社会工作 31.3 亿美元，占 0.1%。

从存量行业的地区分布情况看，中国对各地区直接投资的行业高度集中。

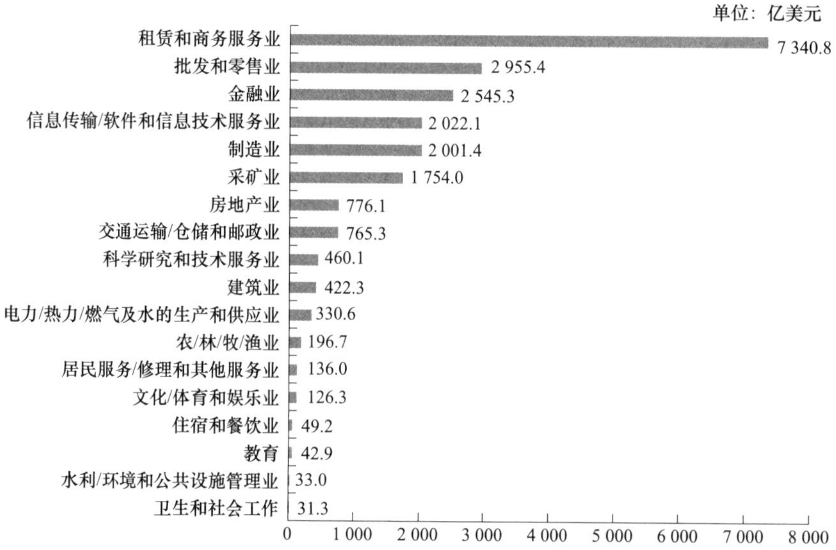

图 18　2019 年末中国对外直接投资存量行业分布

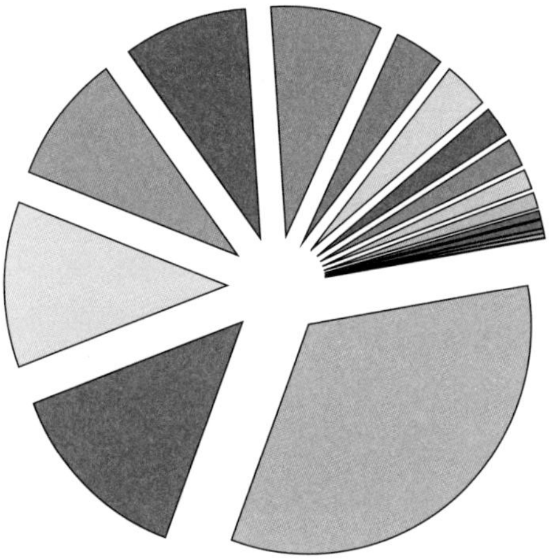

图 19　2019 年末中国对外直接投资存量行业比重

表 14　2019 年末中国对各洲直接投资存量前 5 位的行业

单位：亿美元

地区	行业名称	存量	占比（%）
亚洲	租赁和商务服务业	6 059.4	41.5
	批发和零售业	2 197.5	15.0
	金融业	1 864.6	12.8
	制造业	1 200.2	8.2
	采矿业	806.7	5.5
	小计	12 128.4	83.0
非洲	建筑业	135.9	30.6
	采矿业	110.2	24.8
	制造业	55.9	12.6
	金融业	52.4	11.8
	租赁和商务服务业	24.9	5.6
	小计	379.4	85.4

续表

地区	行业名称	存量	占比（%）
欧洲	制造业	378.0	33.1
	采矿业	211.8	18.5
	金融业	172.7	15.1
	租赁和商务服务业	116.6	10.2
	批发和零售业	58.3	5.1
	小计	973.6	82.0
拉丁美洲	信息传输/软件和信息技术服务业	1 561.0	35.8
	租赁和商务服务业	991.5	22.7
	批发和零售业	606.3	13.9
	金融业	266.5	6.1
	科学研究和技术服务业	257.0	5.9
	小计	3 682.4	84.4
北美洲	制造业	214.5	21.4
	采矿业	185.8	18.5
	金融业	142.3	14.2
	租赁和商务服务业	106.3	10.6
	信息传输/软件和信息技术服务业	77.9	7.8
	小计	726.8	72.5
大洋洲	采矿业	209.3	48.0
	金融业	46.8	10.7
	租赁和商务服务业	42.1	9.6
	房地产业	37.4	8.6
	制造业	25.0	5.7
	小计	360.4	82.6

（2）按三次产业分。

2019 年末，中国对外直接投资存量的近八成集中在第三产业（即服务业），金额为 17 501 亿美元，主要分布在租赁和商务服务、批发和零售、金融、信息传输/软件和信息技术服务、房地产、交通运输/仓储等领域。第二产业 4 369.3 亿美元，占中国对外直接投资存量的 19.9%，其中，制造业（不含金属制品/机械和设备修理业）1 961.8 亿美元，占第二产业的 44.9%；采矿业（不含开采辅助活动）1 654.5 亿美元，占 37.9%；建筑业 422.3 亿美元，占 9.6%；电力/热力/燃气及水的生产和供应业 330.6 亿美元，占 7.6%。第一产业（农/林/牧/渔业，但不含农/林/牧/渔服务业）118.5 亿美元，占中国对外直接投资存量的 0.5%。

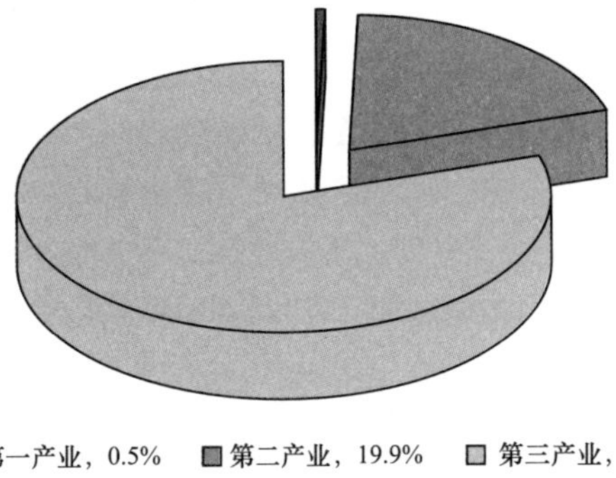

图 20　2019 年末中国对外直接投资存量按三次产业分类构成

4. 按境内投资者工商行政管理注册类型分类。

2019 年末，在对外非金融类直接投资 19 443.5 亿美元存量中，国有企业占 50.1%，较上年增加 2.1 个百分点；非国有企业占 49.9%，其中，有限责任公司占 15.3%，股份有限公司占 9.1%，私营企业占 7.6%，个体经营占 6.9%，港澳台商投资企业占 3.7%，外商投资企业占 3.4%，股份合作企业占 0.4%，集体企业占 0.4%，其他占 3.1%。

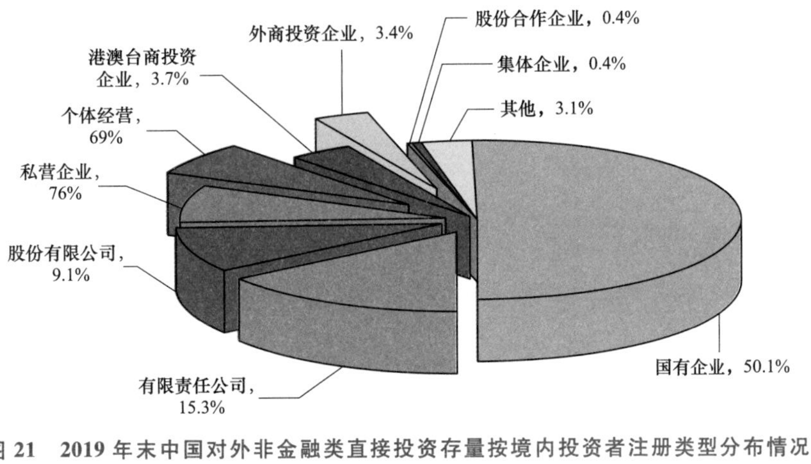

图 21　2019 年末中国对外非金融类直接投资存量按境内投资者注册类型分布情况

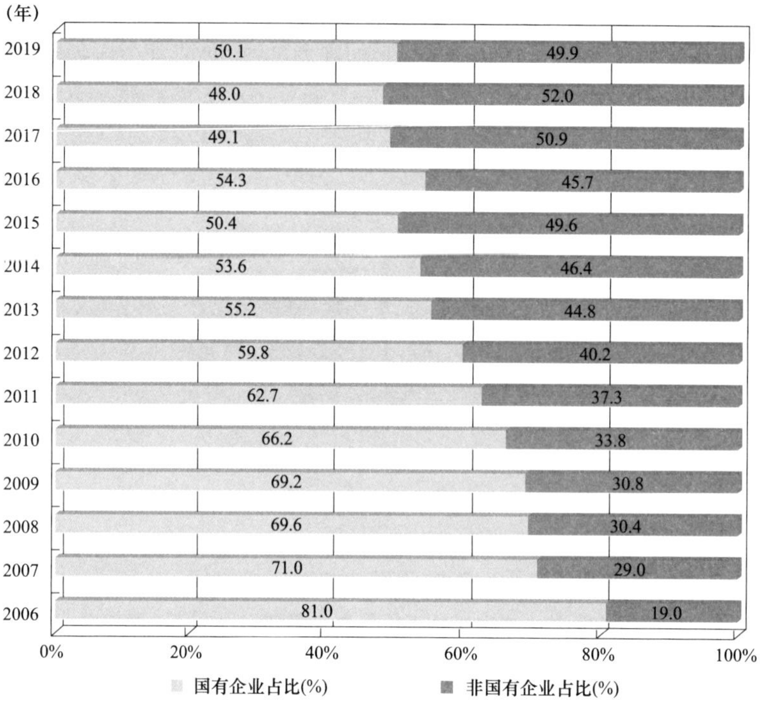

图 22 2006—2019 年中国国有企业和非国有企业存量占比情况

5. 省市分布。

2019 年末，地方企业对外非金融类直接投资存量达到 7 855. 5 亿美元，占全国非金融类存量的 40. 4%。其中，东部地区 6 409. 4 亿美元，占 81. 6%；西部地区 669. 1 亿美元，占 8. 5%；中部地区 561. 3 亿美元，占 7. 1%；东北三省 215. 7 亿美元，占 2. 8%。广东省以 1 783. 8 亿美元的存量位列地方对外直接投资存量之首，其次为上海市 1 303. 3 亿美元，以后依次为北京、浙江、山东、江苏、天津、福建、海南、河南等。在 5 个计划单列市中，深圳市以 1 192. 6 亿美元位列第一，占广东省对外直接投资存量的 66. 9%，青岛市以 195. 5 亿美元位列第二，占山东省对外直接投资存量的 31. 3%。

表 15 2019 年末对外直接投资存量前 10 位的省、市、区

单位：亿美元

序号	省、市、区	存量
1	广东省	1 783. 8
2	上海市	1 303. 3
3	北京市	736. 9
4	浙江省	659. 0

续表

序号	省、市、区	存量
5	山东省	624.0
6	江苏省	545.0
7	天津市	279.3
8	福建省	190.1
9	海南省	169.9
10	河南省	154.5
合计（占地方存量的 82.1%）		6 445.8

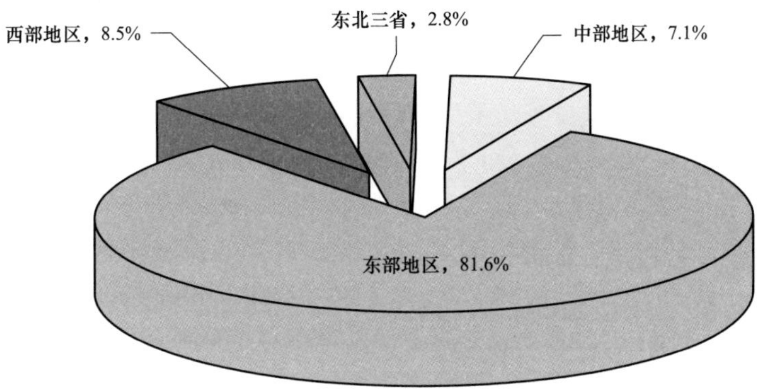

图 23　2019 年末地方企业对外直接投资存量地区比重构成

第 2 部分

2020 中国企业“走出去”全球风险版图

2.1　2020 中国企业“走出去”全球风险版图概述

发布单位： 2020 中国企业“走出去”风险发布会
发布时间： 2020 年 6 月 17 日
发布地点： 中国·北京
发布形式： 全球网络发布

2020 年中国企业“走出去”全球风险版图由 2020 年中国企业“走出去”风险发布会发布，中国企业“走出去”风险发布会永久网址：http://www.ceggrc.com/。

“2020 中国企业‘走出去’全球风险版图”（以下简称 2020 全球风险版图）从政治、经济、营商环境、安全、旅行、卫生、国别等七个维度，按五大洲进行国别风险的全球发布。五大洲区域风险发布信息摘录如下。

一、亚洲

发布人：Mr. Eddy HON Poh Keong
艾迪先生
霍顿马来西亚
于马来西亚吉隆坡

亚洲综合风险评价

亚洲受新冠肺炎疫情冲击显著，局部地区疫情还可能进一步恶化。出口受挫、内需不足和自然灾害导致主要经济体经济增长明显放缓，部分国家出现衰退。亚洲国家间、各国国内的贫富差距进一步加大，民粹主义开始在部分国家抬头。石油价格低迷导致社会压力激增，叠加美伊关系紧张，西亚地区安全形势恶化；疫情封锁可能在南亚部分区域引发社会失稳与政治动荡，国家间的地缘冲突将加剧地区安全风险。

政治风险

- 东北亚政经局面向好改善，政治风险有所降低；
- 东南亚区域治理有望理顺；
- 中亚政治稳定性逐渐增强；
- 南亚政治风险增加，印度推进印度教民族主义政策会导致社会失稳与政治动荡；
- 西亚地区受地缘政治主导，伊朗、伊拉克、阿富汗政治风险维持极高水平。

经济风险

- 出口形势严峻与内生动力不足，加剧了东南亚经济增长放缓的趋势；
- 印度经济政策可能引发经济冷却及与其他国家的经济摩擦。

营商环境风险

- 受民族主义、地缘政治以及安全局势影响，南亚、西亚营商环境可能进一步恶化。

安全风险

- 南亚蝗灾、饥荒、地缘冲突及民族主义政策多因素叠加，或导致局势动荡，安全风险陡增；
- 西亚地缘政治风险上升，环境恶化，安全形势复杂，诸如来自阿富汗等国家极端组织的过激活动或袭击行动难以避免，也门、叙利亚内部冲突不容乐观。

旅行风险

- 公共卫生安全形势严峻，地区安全局势复杂，使南亚、西亚旅行风险维持高位水平。

卫生风险

- 南亚、西亚疫情还未出现明显拐点，医疗卫生系统受到挑战，公共卫生风险高企。

二、欧洲

发布人：Mr. Steven ZAN
斯蒂文·赞先生
ASSITECA 集团
于意大利米兰

欧洲综合风险评价

新冠肺炎疫情全域扩散导致欧洲内外部需求萎缩、供应链中断，主要经济体形势严峻，欧洲经济衰退明显。欧洲议会碎片化、西欧政治分化加剧，欧洲整体政局稳定性和政策连续性下降。欧盟全面收紧外资产业审查政策，营商环境不确定性上升。

政治风险

- 欧洲内部分歧日益凸现；
- 欧盟（尤其是西部欧洲）分裂风险增加；
- 中东欧政治斗争导致区域政治与政策稳定性持续下降；
- 疫情常态化导致部分民众不满情绪可能再度上升并威胁国家政权稳定。

经济风险

- 主要经济体形势严峻，欧洲经济衰退明显；
- 部分国家的债务危机风险显著增加。

营商环境风险

- 民粹主义和保护主义加速升温；
- 外国投资门槛显著提高，部分国家营商环境风险上升；
- 部分国家加入“一带一路”倡议，前景值得关注。

安全风险

- 社会安全因民粹主义与经济衰退压力凸显；
- 恐怖袭击未远，安全隐忧难断。

旅行风险

- 疫情防控常态化导致各国边境管控趋严；
- 无国界畅游大幅受阻；
- 疫情污名化增加了人身安全风险。

卫生风险

- 区域公共卫生风险整体较高；
- 主要经济体确诊人数庞大；
- 部分国家医疗卫生系统超负荷运转；
- 恢复正常接诊仍需时日。

三、美洲

发布人：Mr. Renato ILIENFELD
利连飞先生
利连飞保险经纪公司
于智利圣地亚哥

美洲综合风险评价

美洲地区同样受疫情影响严重，冲击巨大，经济衰退加速。美国对华政策加速调整，失业率攀升，社会动荡加剧；拉美国家受困于内外部需求萎缩，政权与政策稳定性风险快速上升，营商环境急剧恶化。

政治风险

- 疫情、动乱、大选等因素叠加而加剧美国政治风险；
- 拉美地区进入政治改革转型期；
- 政局“左退右进”演变进程加速并将进一步加剧政策摇摆的风险。

经济风险

- 美国经济衰退严重，无限货币量化宽松效用有限，并将加速引爆全球债务危机；
- 拉美国家受困于大宗商品量价齐跌、汇率剧烈波动，经济风险显著上升。

营商环境风险

- 美国失业率高企、极端主义和种族主义快速升温，营商环境整体恶化；
- 受困于外商投资中断、基建设施水平低下及公共投资能力不足；
- 拉美地区营商环境可能进一步恶化。

安全风险

- 美国“风景线”陡然出现并有燎原之势，安全局势堪忧；
- 部分拉美国家则会因政局动荡、经济衰退、疫情影响叠加而面临更严峻的社会治安形势。

旅行风险

- 边境管控升级增大出行阻碍；
- 动乱、疫情污名化使人身安全风险进一步增加。

卫生风险

- 区域公共卫生风险整体将持续处于高水平；
- 美国医疗卫生系统难堪重负；
- 部分拉美国家疫情形势加速恶化。

四、非洲

发布人：Mr. Dennis GAMSY
丹尼斯·甘希先生
GIB 集团
南非约翰内斯堡

非洲综合风险评价

- 非洲地区总体经济落后，卫生系统极其脆弱，潜在的疫情暴发可能会让该地区陷入与世界其他地区一样相对困难的境地，撒哈拉以南非洲地区尤甚。大宗商品需求萎缩和初级产品收入下降、进口产品成本上升、旅游业停摆，加之外国投资整体缺乏，部分国家出现经济衰退的可能性进一步增大，可能导致社会动荡和极端主义。然而，对那些有远见的人来说，重大的机会还是存在的。

政治风险

- 非洲部分国家政局动荡和疫情防控重压导致经济衰退；
- 由此引发政治风险持续上升；
- 然而，也有一些国家在应对 COVID-19 时达到了世界一流水平。

经济风险

- 非洲拥有广泛的石油和矿产资源，其价格和数量上的优势会使资源拥有国经济迅速好转，国际矿业公司的投资也将可能大幅增加。

营商环境风险

- 目前，营商环境友善性整体水平较低；
- 非洲各国政府可能大幅提高外国投资者的准入门槛；
- 隐形腐败及行政效率低下现象依然有增无减；
- 新冠肺炎疫情将可能加剧营商环境风险。

安全风险

- 安全问题需要关注；
- 就业不足、饥荒风险和普遍贫穷状况令人担忧。

旅行风险

- 旅游业对于大多数非洲国家而言是非常重要的外来收入来源。

卫生风险

- 一些非洲国家医疗资源匮乏，防疫设施不足；
- 虽然某些国家迅速控制了新冠肺炎疫情，但因为公共卫生基础设施整体薄弱，此类流行性传染病整体上难以控制。

五、大洋洲

发布人：Ms. Vicky CHENG
程秋雯女士
大救星星使
澳大利亚悉尼

大洋洲综合风险评价

- 大洋洲国家的地域分布与经济发展水平不均衡。新冠肺炎疫情暴发叠加南半球季节性因素，使得主要经济体面临恢复难度大、持续周期长的风险。受国际局势影响，澳大利亚、新西兰等主要国家的政治风险、营商环境风险、旅行风险可能进一步增加。

政治风险

- 大洋洲主要国家的政治及政策性风险受国际局势的影响程度高且有增大的趋势，还需关注巴布亚新几内亚的政治风险。

经济风险

- 大宗商品量价齐跌，澳大利亚经济风险上升，其他国家的经济风险均有所增加。

营商环境风险

- 受污名化舆情的拖累，澳大利亚和新西兰的营商环境风险持续增加。

安全风险

- 澳大利亚和新西兰的社会治安较好，但恐怖袭击隐忧难去；巴布亚新几内亚社会治安形势应予以持续关注。

旅行风险

- 当前，大洋洲的国际出行已基本阻断，旅行风险较高。

卫生风险

- 区域公共卫生风险较高。相对而言，澳大利亚和新西兰两国公共卫生条件较好，其他国家卫生条件较差。

2.2　2020 中国企业“走出去”公共卫生全球风险版图

2020 中国企业“走出去”公共卫生全球风险版图于 2020 年 6 月 17 日在北京正式发布。

公共卫生全球风险版图由 2020 年中国企业“走出去”风险发布会发布，其永久网址：http://www.ceggrc.com/。

发布人：J. O. Alabi 博士

2020 中国企业“走出去”公共卫生全球风险版图显示，还在持续发酵的新冠肺炎疫情将是今后相当长一段时期威胁世界公共卫生安全的核心风险，大部分国家和地区的医疗资源极限承压并近乎瘫痪。疫情防控的常态化已成为阶段性定论，持续改善公共卫生系统和基础设施，是全球公共卫生风险可防可控的重要条件。

公共卫生全球风险情况

目前，新冠肺炎确诊人数最多的十个国家是美国、巴西、俄罗斯、英国、印度、西班牙、意大利、秘鲁、法国和德国。

除新冠肺炎病毒外，还需关注跨地域传播影响广泛的主要传染病，包括登革热、疟疾、霍乱、埃博拉、麻疹、黄热病等。

登革热在东南亚地区菲律宾、泰国、越南、柬埔寨、斯里兰卡等国为高发；南美洲的巴西、玻利维亚、洪都拉斯、墨西哥、阿根廷等国多发。

疟疾在安哥拉、马达加斯加、印度尼西亚、津巴布韦多发。

霍乱在也门、埃塞俄比亚、莫桑比克、喀麦隆、肯尼亚多发。

黄热病多发于埃塞俄比亚、尼日利亚、南苏丹。

因为战争和地区冲突、经济基础薄弱、气候环境恶劣，加之卫生基础条件较差，公共卫生风险持续处于较高水平的国家包括利比亚、叙利亚、伊拉克、也门、印度、孟加拉国、缅甸，以及多数非洲国家。

2.3　2020 中国企业“走出去”供应链全球风险版图

2020 中国企业“走出去”供应链全球风险版图于 2020 年 6 月 17 日在北京正式发布。

供应链全球风险版图由 2020 年中国企业“走出去”风险发布会发布，其永久网址：http://www.ceggrc.com/。

发布人：托马斯王

2020 中国企业走出去供应链全球风险版图显示，除个别区域和医疗行业外，国际贸易、生产、物流仍在停滞或艰难地从新冠肺炎疫情中恢复。保护主义升温和对安全产业的担忧，使战略性行业供应链回流成为趋势。同时，世界贸易规则受到单边主义的挑战，对全球供应链在水平与区域垂直化两个维度重构的影响也十分显著。

供应链全球风险情况

在北美洲，美国已进入供应链安全的高敏感期。在南美洲，疫情蔓延并进一步恶化，巴西农产品及矿产的供应链风险或有爆发式增加。

在欧洲，欧盟在供应链方面的政策走向值得关注，德国、法国高新技术、精密制造业并购和转出的难度快速增大。

在东南亚，疫情促使以越南为代表的东盟及周边新兴发展中国家加快承接中国供应链溢出，形成泛中国的制造业供应链的连环效应。

在大洋洲，受对华经贸关系和疫情影响，澳大利亚农产品及矿产供应链风险呈较高水平。

第 3 部分

2020 中国企业“走出去”全球风险指引

3.1　2020 中国企业“走出去”安全风险指引

第一条　重点关注目的地的新冠肺炎疫情风险，遵守出入境和本地防疫规定，配合出行服务机构的安排采取防疫措施。保持良好的卫生习惯，出行全程佩戴口罩，做好个人防护；保证充足睡眠，适度饮食、运动，避免过度疲劳。如果出现发热、咳嗽等不适症状，应及时就医或寻求帮助。

第二条　做好行前安全攻略，重视政府发布的海外安全提示，主动在中国领事服务网登记个人信息，有针对性地了解出入境政策法规、社会风俗、卫生、气候等信息。确保不随身携带涉密、涉个人隐私、抹黑他国或有悖于当地习俗禁忌等方面的图文及音视频资料。

第三条　了解驻外使领馆提供的公民领事保护服务，适时慎重选购旅行意外、全球救援、海外医疗的保障内容、额度和服务，有效转嫁出行的人身风险、财务风险，降低精神方面的困扰，满足海外安心出行所必需的救命、救治、救护、救助应急服务需求。

第四条　妥善保管护照、健康和接种证书、保险单等重要文件，并随身留存电子文件备份。

第五条　海外出行要重视本地语言的服务，提前获取中文和本地语言服务的资讯、渠道或购买双语服务，避免遇事被动。

第六条　出行要保持冷静，尤其是遇到嘲讽、挑衅或不公正对待，一定要避免冲突，尤其是肢体冲突，优先采取合法手段，寻求中国驻外使领馆和全球专业服务资源的帮助，保护自身安全与维护合法权益。

第七条　万一遭遇暴力抢劫、恐怖袭击，首先保障自身安全，及时报警，合理自救或尽快撤离，并联系当地的中国使领馆或拨打外交部全球领事保护与服务应急热线 12308，寻求帮助。

3.2 2020中国企业“走出去”合规风险指引

第一条 强化风险底线意识。充分审视境外投资与经营环境剧烈变化带来的合规风险，参照《企业境外经营合规管理指引》及有关国际合规规则，加强境外投资与经营合规管理，做好应对复杂情况的准备。

第二条 切实识别合规风险。依托本地化专业咨询机构，系统梳理境外投资经营所对应的合规要求及风险，明确东道国相关律法条约、规定准则、惯例规范等行为准则，规避负面清单行为。

第三条 强化合规体系建设。建立健全境外合规制度、流程，加强全员合规培训，通过内部审查、外部咨询等方式，切实执行外法内规。

第四条 加入经营合规协作圈。主动加入东道国的中国商会，融入经营合规协作圈，深化与上、下游商业伙伴的合规协作，促进规则、标准、制度的软联通，规避商业合作合规风险。

第五条 积极创造良好的合规文化氛围。重视社区建设，履行社会责任，加强法务、人力资源、安全及环境保护等敏感岗位的本土化管理，加强“软合规”管理。

3.3 2020 中国公民出行安全风险指引

第一条 新冠肺炎疫情严重迟滞了中国企业“走出去”的步伐。随着疫情的缓解，全球复工复产的加速，中国企业“走出去”的机遇与风险并存，要根据对国际形势、国家战略、国别政策的全面评估，找准“走出去”的方向和时机。

第二条 全面了解投资目的地国家的安全审查、法律、财税、融资和用工等方面的政策，做好尽职调查、财税架构、融资与用工策略等前期工作。

第三条 除投资项目本身目的刚性需要外，选择投资地址时要避开火山、地震、暴风、暴雨、洪水、泥石流、海啸等灾害集中的地区。

第四条 主动采取“基层本地化”策略，融入当地社区，增进理解与互惠。重视第三方服务商的专业建议，切实做到合法合规，努力做到合情合理。

第五条 关注疫情风险，在做好人员常规防护的同时，还应加强传统健康教育，劳逸适度，提高免疫力。

第六条 重视构建信息安全“防火墙”，确保公司网络、核心科技、知识产权、公司机密和个人信息的安全。

第七条 委托具有全球服务能力的保险经纪人，将企业风险管理以及财产、人员、责任、信用等方面的保险保障从国内延伸到海外投资目的地。

第八条 制定与所在国社会治安环境相匹配的安保策略，做实安全培训，用好当地的第三方安保服务。

第九条 坚持底线思维，增强忧患意识，制订完善的安全应急处置预案、危机公关预案、供应链中断预案等，确保投资项目的可持续发展。同时，建立多元化纠纷化解机制和预案，妥善解决争端，维护自身核心利益。

第十条 在投资之初提前确定安全退出机制，即便将来不会退出。

3.4 《2020中国企业“走出去”风险发布会致中国企业的一封信》全文

当前，中国新冠肺炎疫情防控取得重大战略成果，生产生活正在快速恢复。全球疫情形势却依然严峻，消费、生产、贸易、物流等仍处于停滞或在艰难恢复。中国企业需要思考如何面对纷繁复杂的国际局势和“走出去”的种种不确定性。

2020中国企业“走出去”风险发布会以网络大会的方式，再次整合全球风险服务和投资服务资源，分析疫情防控常态化下的国际政治、经济格局所发生的深刻变化，尤其为民营及中小企业指出全球供应链、产业链上的挑战与机遇，再次架起了驻华使馆、海外园区两条通向全球的彩虹之桥。

六年来，中国企业“走出去”风险发布会应“走出去”企业的要求，沿着从识别目的地国家投资风险，到提供海外投资风险防控解决方法、渠道和工具之路，持续发布了《中国企业“走出去”全球风险版图》《中国企业“走出去”公共卫生全球风险版图》《中国企业“走出去”供应链全球风险版图》《中国企业“走出去”安全风险指引》《中国企业“走出去”合规风险指引》和《中国公民出行安全风险指引》，成为陪伴中国企业“走出去”的亲密朋友和专业助手。

现在，中国企业“走出去”风险发布会启用永久网址，标志着中国企业“走出去”风险发布会进入“一带一路”综合服务机制加速建设的第二个五年。“公益性、民间性、全球性、专业性”和“公正、公益、公信”的“四性三公”体现了善良之初心，也是为中国企业“走出去”服务的内生驱动。

疫情未远去，未来已呈现。中国企业“走出去”风险发布会将凝神聚力，继续陪伴中国企业“走得出、走得稳、走得赢、走得远”！

3.5 《2020 中国企业“走出去”风险发布会致中国公民的一封信》全文

亲爱的公民朋友们，感谢您关注 2020 中国企业“走出去”风险发布会的全球救援服务论坛，当我们有幸请到来自外交、旅游、留学、海外项目和劳务、风险，以及救援方面的专家做我们论坛演讲嘉宾时，就期待着能和大家在云上相聚，共同探讨后疫情时代的世界。如何安全接纳各位出行者，论坛发布的《中国公民出行安全风险指引》或许为您的出行做了一些小的提示。

随着经济全球化程度的提升，读书、旅游、经商、投资和探亲等“走出去”的人越来越多，随之而来的语言、疾病、意外、社会治安和宗教习俗等方面的风险也不免引人担忧。

为了向有需求的“走出去”企业和公民提供帮助，6 年前发起的中国企业“走出去”风险发布会，从认知风险到探寻风险的解决方案，不断探索和发掘后，回望时欣慰发现，辛苦终有了一定的成果。

疫情对出行安全的影响不可谓不大，我们赞成大家暂避家中，不要轻易出门，但是人类成长的脚步从来没有被瘟疫所阻止，每一次瘟疫大暴发之后，必将迎来阳光下的人类大流动。

当下，高科技把人类抗击疫情的能力提升到了一个新的水平，同样，生逢其时的互联网为“走出去”的风险管理提供了更贴切、更高效的解决方案，尤其是用网络的力量汇集全球资源和服务，几乎涵盖了出行的方方面面，这就给传统救援服务注入了强大的生命力，救援不再仅仅是救命和救治，哪怕您在任何时间、任何地点，只要有需求，一个强大的综合服务平台“大救星”就会向您提供帮助，当安全服务和风险管控的触角已经普及到世界的任何角落，疫情后安全出行就不再遥远了。

愿每一位“走出去”的公民平安健康。

中国企业走出去风险发布会

2020 年 6 月 17 日

第 4 部分

全球风险与变化趋势

4.1　企业“走出去”需面临产业链、价值链巨大调整

对我而言，讲这个题目是要承担一定的学术和研究的风险，因为目前疫情的演变超过了我们所有的想象。我们可以想象，大概四个月前，在屏幕前面的大家和我恐怕都有一个巨大的误判，那就是所有人都在说：一场新的“非典”来了。直到 2020 年 3 月的时候很多人还在这样想。现在看来这场新冠肺炎疫情怎么可能只是一场“非典”呢？这是一千倍的“非典”！目前看来已经是危害程度超过一千倍还要多，而目前仍然在演变过程当中。所以过去五个月左右，几乎所有人都不出门。

2020 年 2～3 月份时我写了多篇文章，准确地预测过美国的疫情会让感染人群很快超过 100 万，3 月 17 号，我又提出美国会出现负利率，全世界的危机影响程度远远超过 2008 年的金融危机。

最近我在写一篇非常长的论述，题目是《传染病病毒与帝国兴衰》，但是全世界几乎很少有学者研究传染病对世界格局变化的影响，我找不到足够的文献来辅佐我自己的学术文章的写作，所以我写得很艰难，如果大家去学术网站数据库查，很少有。为什么？这是我们学术界的巨大缺陷，就是我们学术界无论是社会学、政治学、经济学、人类学都愿意去研究那些有规律性的东西，有规律性的变量对世界的影响。传染病和病毒没有规律，所以我们集体忽视了传染病的影响，这是特别有意思的现象。这也是为什么目前人类，包括我们所有人都没有预料到的，也没有想到这场新冠肺炎疫情可能对我们的影响会如此大，有可能才刚开始。

我不是病理学家，我也不是一个医学家，我只是从一个经济学者、金融学者、国际关系学者的角度去看待这场疫情，想提醒在座的企业家和与会的嘉宾和听众们，希望跟我一起分享这一段时间以来的困惑，也许我们都不了解这种病毒，也许在相当长一段时间里面，我们都要跟新冠病毒相伴，我认为我们需要有这样的底线思维和对未来变局的想象力。

从学者的角度我想提醒大家，如果我们有这样的底线思维，未来企业“走出去”的逻辑和企业“走出去”的整体运行模式恐怕需要改变，至少我们能够预见到的短周期都应该学会跟这个病毒共处，要有这样的预期和战略储备。

我们可以看到，2020 年的国际贸易大概降低 13%～32%，国际的航空业大概下降 60%～70%，国际的跨境人流下降 70% 左右，很多地方的旅游业基本上已经降到了难以承受的程度。

第一个观点我想说我们对于病毒要存在敬畏感，对未来的预期要保持一种底线

思维。

第二个观点，实际上面临着经济全球化的“休克”，企业家“走出去”不得不在相当长一段时间里应对经济全球化“休克”和缓慢复苏的状况。我们要面对贸易、投资、信息流、人流、物流等缓慢复苏的状况。这时经济全球化就由过去的跨境物资、人流、投资、贸易为主的经济全球化体系变成更多的本土化、本地化。越来越多的企业、越来越多的国家会强调本地化生产、本地化销售、本地化分配、本地化运营。所以当我们的企业“走出去”的时候，不得不面临着产业链、价值链的巨大调整。

第三个观点想跟大家分享的是，在这个时候怎样看待和应对中国自身的发展问题？我认为首先要理清的思路就是我们面临着经济全球化将受到前所未有的打击。

经济全球化从始至今，我们所有人的思维是明天比今天好，今天肯定比昨天好，那是进步主义思维，认为我们的前景会越来越好，我觉得这个思维逻辑没什么错误。但问题是在受到新冠肺炎疫情影响以后，经济全球化的思维、全球化进步主义的逻辑受到了前所未有的挫折，这时你突然会发现，好像明年可能更糟糕了。我认为企业家首先要面临的问题是重新调整自己的战略预期。十年前一家企业的营收没有年增长 30%、50% 的预期，这家企业就不是好企业，大家都野心勃勃、雄心勃勃，这当然是好事。但是未来恐怕我们的预期要重新调整，换句话说，在有可能长期跟病毒共存的背景下，中国企业“走出去”，首先的使命恐怕还不是高速增长，主要是存活下去、生存下去，之后才是未来的发展，要有这种预期。

有了这样的预期以后，风险防控首先要成为企业运营的最重要的战略方向。过去我们讲企业运营的时候，我们首先要考虑的是利率是多少，利润是多少，现在我们要考虑的是如何防控风险。目前，中国在海外约有 5 万家企业，有 500 万持有中国护照的中国公民，有将近 5 万亿美元的资产存量，这“三个五”将是未来几年所保持的体量。未来“走出去”的时候，自然而然要讲述的和关注的重大话题就是如何去保这“三个五”，不是增持的问题，而是保持的问题。

最后，我想跟大家讲的是，目前及后新冠肺炎疫情时期，每一个企业家，我认为都要立足于产业，借后疫情时代练好内功，在目前风险频发的时代，最关键的就是走得远比走得快更重要。祝福每一位企业家都能够平安地渡过这次由新冠肺炎疫情带给人类的巨大冲击，也祝福屏幕前的每一位观众都能平平安安、健健康康。

谢谢大家！

演讲人：王文（中国人民大学重阳金融研究院执行院长）

4.2 面对疫情和贸易战，中国制造业不会受太大冲击

很高兴跟大家做交流。疫情对于中国的制造业绝对值会造成冲击，从相对值上来说，我觉得问题并不大，之所以会做这样一个判断，很重要的原因在于最近三年来中国经济、全球经济以及全球贸易结构出现了巨大的变化。

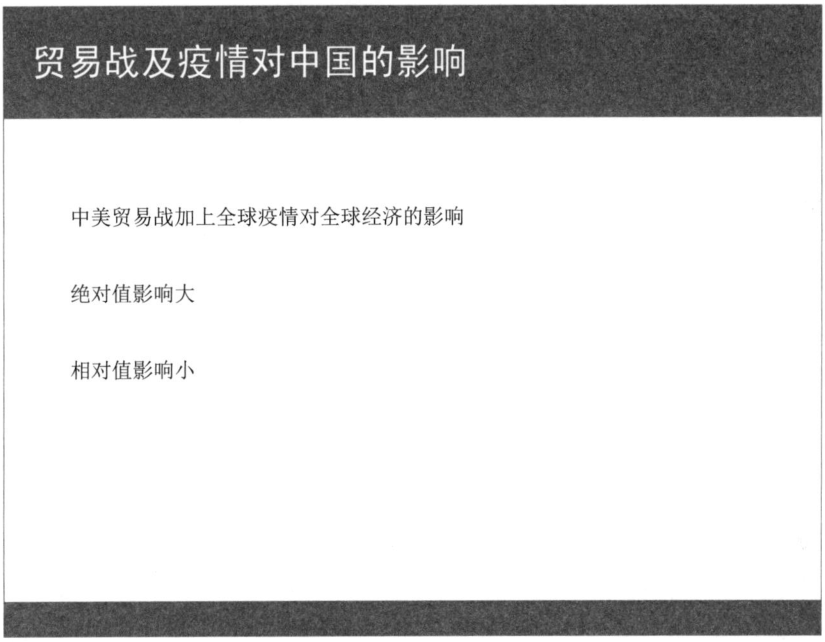

先从全球贸易结构角度来说，在 20 世纪 90 年代的时候我们可以看到一组有意思的数据，全球贸易大概 70% 以上都是最终品贸易。这意味着什么？绝大部分产品都是在单个国家生产，而到了 2018 年这个数据正好反过来，变成了 70% 以上都是零部件、半成品贸易，意味着绝大部分产品都是多个国家合作生产的。这就会带来一个结果，如果我们把一个复杂产品的生产从它最初的原料到最终的成品所发生的物理空间称为经济空间的话，我们就可以发现在今天经济空间跟各国的政治空间已经高度分离了，不重合了，而这种分离、不重合就会带来一个很有意思的效应，就是当所谓的贸易战动用一系列的国家政治手段试图干预经济、试图影响经济，但是由于经济空间跟政治空间分离、不重合，政治手段对经济仍然会有影响，但是不再是过去简单的效应，而会是另外一种效应。2019 年我在越南做过一个调研，现在用这个调研来解释一下这个问题。

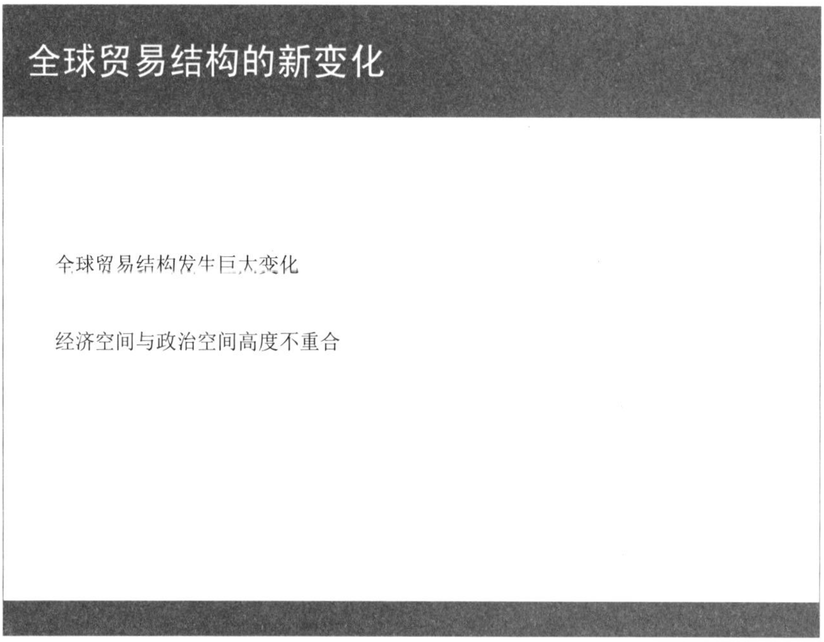

2019 年有一个很引人注目的新闻，就是 2019 年 10 月 2 号三星关闭了它在中国内地的最后一家工厂，迁移到越南去了。当时国内很多媒体、自媒体都在惊呼，三星最后一家手机厂也走了，中国手机制造业可能就要完了。而手机制造业产业链条很长，就有可能导致整个中国的电子业、中国的供应链都会遭到重创。但真的是这样吗？实际上我们仔细看看数据的话，这些数据在网上都可以查到，你会发现一些很有意思的现象，因为三星在中国不是只有一家生产商，在之前有若干家生产厂，很多厂都搬了，2019 年 10 月 2 号只是最后一家搬走了，中国手机厂家的生产应该不断下降。但是中国手机厂家的生产并没有下降，甚至占世界手机产量的比例仍然呈上升状态。三星让中国手机产业链崩溃的结论似乎就有问题了，为什么中国手机产量没有下降？很简单，因为三星搬走了，但是手机的厂家被很多其他的品牌占据了，比如 OPPO、VIVO、小米。我们再看一下所谓的三星转走了，转到越南，这是什么概念？我到越南仔细做了调研，发现每天下午四点都会有很多集装箱卡车开到手机工厂卸货，主要是手机的配件，而这些配件都是在广东的珠三角装车，第二天通关后下午四点运到越南的三星手机工厂。每年的这些货值究竟能达到多少？我访谈到几个物流商，是专门给三星手机做零配件物流的，其中有一家很有意思，他是做手机屏幕上那块玻璃的。而他所服务的厂商中三星也不是最大的手机生产商，仅仅是中等偏上的生产商，这一年运送的货值都是几亿美元。我问他，你在三星这些手机配件物流当中占比有多大？他说很具体的数据不那么容易统计清楚，但是毫无疑问，他占的比例非常之小。

说到这儿会发现，所谓的三星手机迁到越南是什么概念？并不是手机全产业链都迁走了，仅仅是一部分生产环节迁走了，主要是最终生产出终端产品的组装环节迁走了，而对于上游的供应链，仍然对中国有很大的依赖，并且这种依赖在可预见的未来是会持续下去，不会被替代掉。我在越南调研的时候到越南国家大学的一个经济政策研究所访谈，所长叫作李德胜（音），他是越南国家经济白皮书年度报告的撰稿人，我问他越南最近这些年发展很快，你们有什么样的产业政策来推动越南经济的飞速发展？他说我们不需要产业政策，因为我们缺什么东西就到中国广州去买。他所说的中国广州不是具体指那个城市，是指整个中国的东南沿海，用广州作为象征。他所说的中国广州跟越南相比规模太大了。规模大有两个效应，第一个是越南的规模跟中国广州相比差着几个数量级，这样的规模差距就意味着越南的效率远远低于中国，所以只要物流的成本不是太离谱，在越南那边的组装厂商仍然是从中国的供应商采购，这是第一个原因。另外一个原因是什么？广州的规模太大了，这就构成了现在越南的外部运输条件，这会使得任何产业政策高度地受到外部运输条件的影响，因为产业政策不是凭空出现的，一定是受制于国际经济环境的，一旦广州突然发生什么变化，越南的经济马上就会面对一个巨大的变量。所以他们不需要产业政策，他们要做的是什么？是寻找自己的优势。这就是我们追求的最理想的目标。

在这个背景之下我们可以看到，基于我在最近这段时间的调查研究，初步给出一个结论，就是中国的制造业以及中国的中小企业面对贸易战，甚至面对疫情都不会受到特别大的冲击。

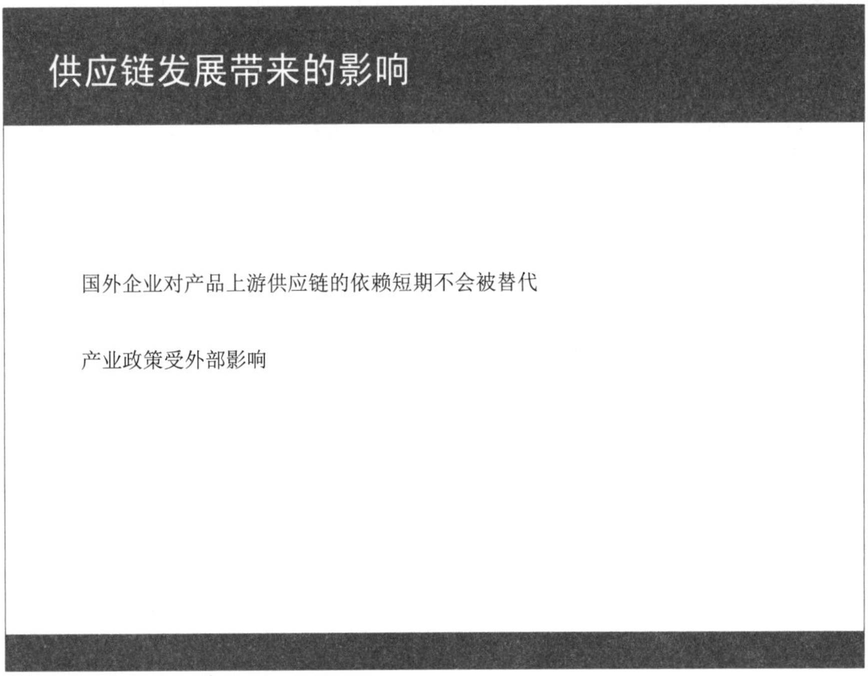

美国这次对中国挑起的贸易战当中还对中国的著名企业进行了重点打压，但是我们在新闻报道中都可以看到，这种打压既伤害到中国的企业，同时也会严重地伤害到美国的企业，因为一个产品是多个国家合作生产的，当然也包括中国和美国。一旦中国企业严重受损，也同时影响美国那边上游的芯片厂等核心技术企业。不仅是中国，一家企业作为世界多国企业重要的客户，一旦这个企业严重受损，美国那边的公司一定也会受损。所以我们最近可以看到很多消息、很多新闻，中国企业在做各种各样的方案来想办法规避，同样美国的企业也在做各种各样的方案来想办法规避，中美两国企业在这个意义上，是利益共同体。这种利益共同体为什么会出现？还是刚才我所说的原因，就是政治空间和经济空间已经高度分离了，不一致了。在以国家为单位考虑问题的时候，这种政治空间所考虑的一系列问题无法真正回应经济空间中所发生的事情。

所以我们可以看到，即便是贸易战到来，企业有各种各样的办法来规避。贸易战到来有可能带来的是什么？对中国来说，我们的外贸规模不会受到太大的影响，但是疫情会对外贸带来影响，所有国家普遍受疫情影响，所以疫情在这个意义上不会构成独立的变量，而贸易战不是对中国单独产生影响。中国的对外贸易规模不会受到实质性的冲击，但是会带来很有意思的变化，就是中国对外贸易的目的地以及贸易结构可能会发生变化。中美贸易战，美国为什么加税？仅仅是对输出到美国的产品加税吗？输出到美国的产品，美国消费市场是终端产品，不需要零部件，而这些终端产品过去是在哪儿生产的？有可能在中国的深圳，有可能在中国的东莞，上游的供应链有可能是在很多地方，当然也可能是中国的珠三角。那些上游供应链，像深圳、东莞，生产完之后卖到美国。贸易战之后变成什么？生产终端产品的工厂迁移到了越南，于是那些上游生产零部件的公司、工厂，他们不再销售到中国的深圳、东莞，而是出口到越南。此时我们会发现，贸易目的地发生了变化，而且这种变化当中还伴随着贸易结构的变化，过去贸易大量的是出口终端产品，但是今天有可能贸易里面出口的大量是零部件半成品，目的地并不是原来的美国，而是越南或者其他的地方。但是你会看到从整体的贸易体量来说，中国并不会产生太大的变化，包括迁到越南的企业，那些企业很多也是组装企业，这些企业还是中国人出资投资的，所以类似左兜揣右兜。

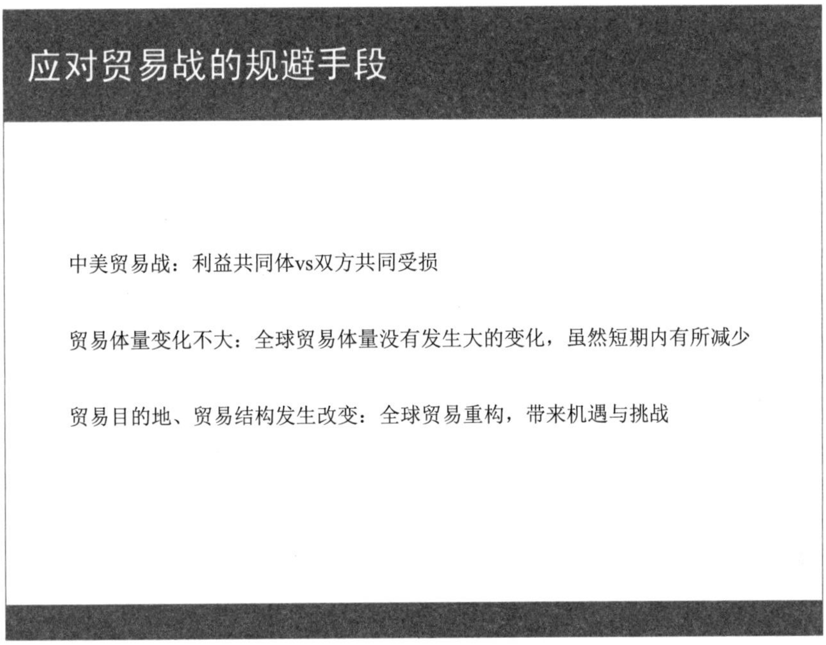

从这个角度来说，我们可以看到贸易战对中国经济和中国制造业肯定会有影响，但并不是我们所想象的遭遇重创，中国很难翻身。有影响，但是更多表现在出口的时候，贸易的目的地及贸易结构的变化上，而对中国贸易的体量以及中国制造业经济而言，它的影响并不像我们想的那么坏，甚至没有什么太大的影响。但是有一个问题对我们是有影响的，什么呢？就是疫情，但是我要再次强调，疫情所带来的影响并不是我们所想象的那样，让中国的经济、中国的制造业遭遇到重创，疫情给中国和西方国家带来更多的影响，尤其是中国和美国之间的信任关系遭到了破坏，最近可以看到很多这方面的案例，中国和美国之间的信任关系由于美国政客的挑衅遭遇到了严重的侵蚀，这种信任关系遭到侵蚀是令人担忧的，为什么？因为中国之所以成为世界工厂，中国的制造业之所以有这么大的能力，很重要的原因在于中国制造拥有巨大的成本优势。这种成本优势不会由于劳动力、土地价格上涨受到太大冲击，因为中国拥有庞大的供应链，供应链本身运转的效率已经改变了综合成本结构。综合成本结构当中，土地、劳动力这些要素价格占比相对比较高，现在要素价格占比越来越小，这就导致中国劳动力价格有所上涨，但是对中国综合成本挑战仍然不大。所以在这种情况下，中国的制造业最重要的优势在于我们的成本优势，但是在什么情况下成本优势是不可突破的？什么情况下人们不从成本考虑问题？很重要的是一旦开始从安全角度出发考虑问题的时候，成本优势就是一个可以被突破的优势。如果双方之间最基本的信任关系遭遇到了破坏，还有可能导致美国以及其他的西方国家不惜成本、不惜代价从事跟安全相关的产业。这些跟安全相关的产业总体规模不会太大，因为总体规模不大，所以西方国家就不惜代价，所以从中短期来看对中国制造业的影响仍然是有限的。但是有一点非常值得重视，什么呢？安全相关的产业。我们回顾整个经济史就会发现，它往往是和技术发展的前沿走向紧密相关的产业。比如在“二战”当中，美国的原子弹计划，那个项目当中衍生出来一系列非常重要的技术，这些重要的技术引领了“二战”之后世界一系列极为重要的经济过程。

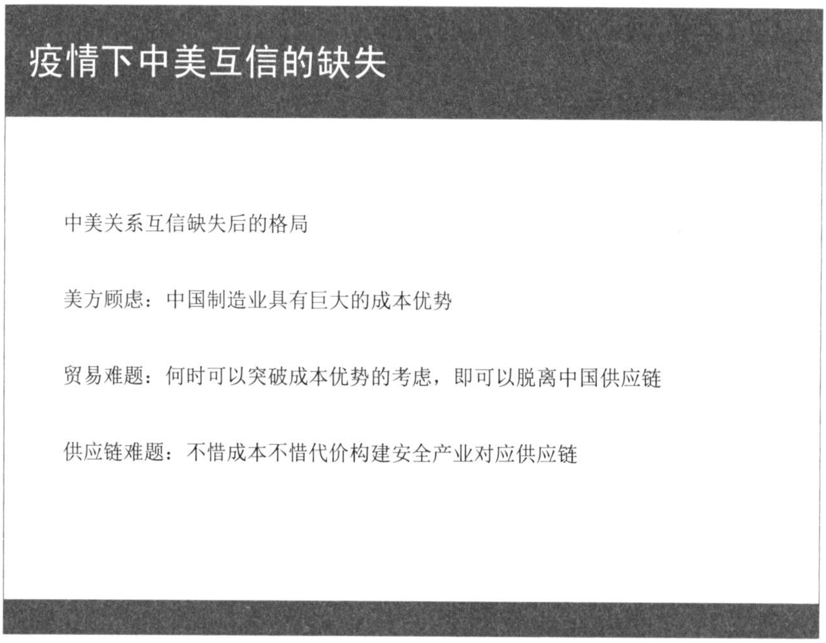

再比如美国的阿波罗登月计划，这些都是和安全相关的产业，规模占比都不大，但是对于经济形势走向的引导力非常强，意味着未来技术以及未来经济真正的前景、真正的活力、真正的根基。所以从这个角度来说，如果这些安全相关的产业回流到美国以及其他一些西方国家之后，有可能中国和美国形成平行的两道生产体系，两道平行的生产体系就有可能形成两道平行的生产路线，对于从 0 到 1 意义上的创新，这是我刚才所说的引进技术前沿很重要，从 0 到 1 的创新最终需要什么？需要的是发达的基础研究，以及富有创新的能力，以及吸引各种高端人才的制度。就目前来看，一旦出现这种安全产业相当规模的西方重建，从中短期来看对中国没什么影响，但是一二十年之后对中国经济可能构成实质性的挑战。

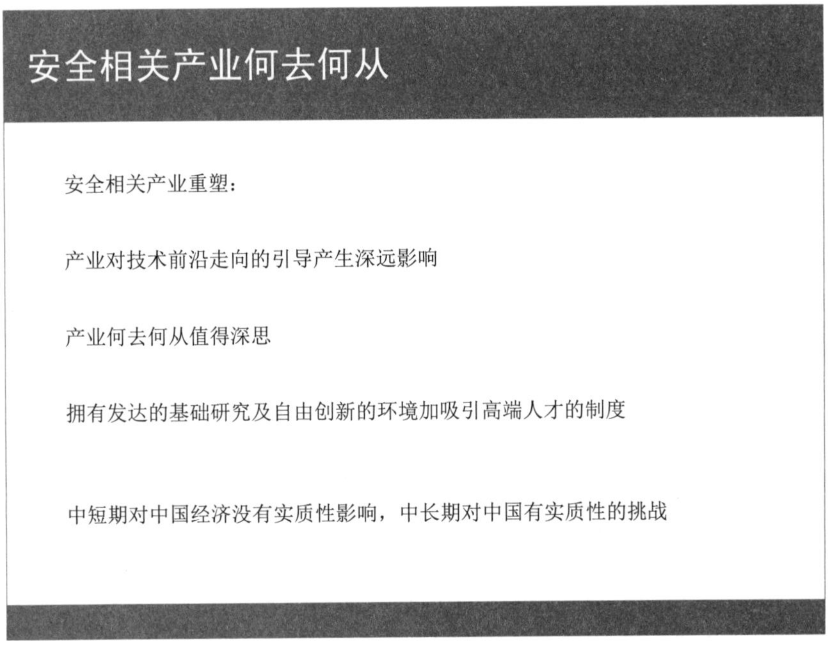

对于贸易战，就企业而言正如我前面所提及的，没有必要恐慌，贸易战对于中国经济的影响并没那么大、并不那么可怕，企业完全有各种各样的办法来应对。作为一个企业在贸易战中应该如何应对，我可以给出很简单的建议，当然是粗略的框架性的建议，可以画一个象限，就是要观察一下这个企业、这个公司所处的产业供应链复杂度以及劳动力成本在总成本中占比多大。在供应链复杂度高，而劳动力成本占比低的产业，这类企业难以经营。但是如果企业是处在劳动力成本占比高，而供应链复杂度低的象限中，企业应该会很好经营。如果供应链复杂度高，劳动力成本占比也高的话，企业是否需要考虑转移？转移的时候有一个前提，就是你的新工厂选址不能离中国太远，因为对中国的供应链有需求。如果所处的象限是供应链复杂度低，劳动力成本占比也低，企业是否转移仍然取决于市场，转移到哪儿并不重要。

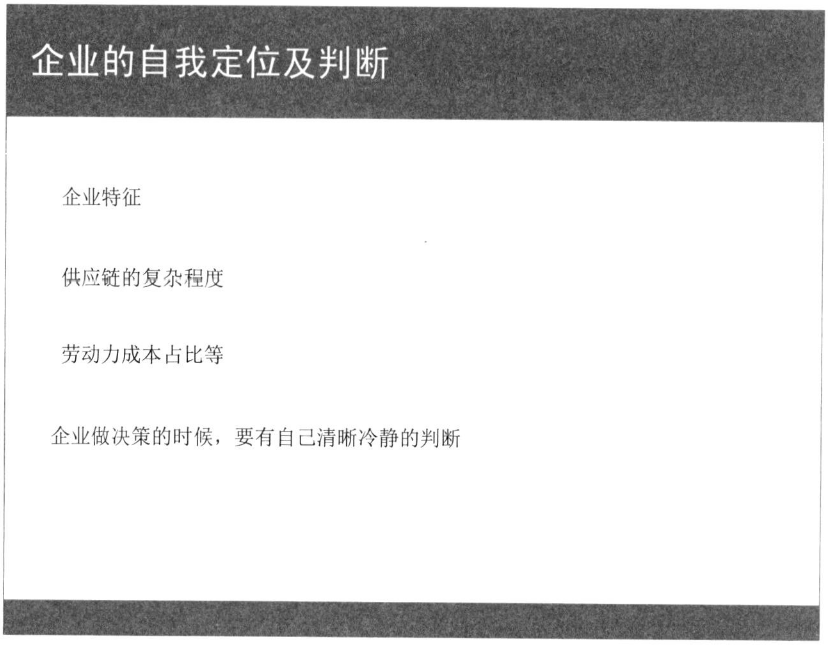

以上所述是面对贸易战以及面对疫情中国可能会怎样、世界可能会怎样，以及在这样的大背景下，作为中小企业本身应该如何抉择、如何理解这些问题的个人观点，希望对大家有所帮助，谢谢大家。

演讲人：施展（外交学院世界政治研究中心主任）

4.3　中国作为全球产业链重要一环的事实不会变

风险发布大会在当前形势下举办具有特殊的意义，人类文明伊始，就跟风险打交道，面对疾病、瘟疫、饥饿、战争等等，几千年来，我们一路走过来，走到 21 世纪，走向信息化社会，人类应对风险的能力越来越强。但风险将长期与人类共存，人类应对风险的能力也会更强。

2020 年我们遇到了新冠肺炎疫情的冲击，疫情还在全球范围内蔓延，有的国家形势严峻，有的国家已经缓解，我们必须团结起来，共同面对人类共同的敌人——新冠肺炎病毒。

突如其来的新冠肺炎疫情以及过去几年世界经济复苏缓慢，由美国挑起的中美经贸摩擦不断，使得我们碰到的风险和负面影响比以往任何时候都大。2020 年 6 月 8 日，世界银行发布了《世界经济展望》，对 2020 年全球经济做了一个简单的预测，全球经济将收缩 5.2%，这是“二战”以来程度最深的经济衰退，内需、供应、贸易、金融等等都发生了中断，预计发达经济体的经济活动 2020 年将收缩 7%，新兴经济体及发展中国家经济将收缩 2.5%，人均收入降低 3.6%，将有亿万人陷入极端贫困。受此影响，贸易、旅游、大宗商品的出口受到影响很大，全球经济面临最大的挑战，如果疫情持续下去，供应链、产业链、国际贸易还会受到一定的影响，但我们还是应该坚定信心，相信我们依靠几千年文明进程当中积累的经验、智慧和科技以及人类的团结能够战胜疫情。

过去一段时间，一些发达国家采取了一系列的措施，救助经济，抗击疫情，增加赤字，增发国债，对民族企业救助，重启量化宽松等，我们要防止民粹主义、贸易保护主义抬头，贫富悬殊、种族歧视、经济停滞等问题都需要解决。对于中国，我们已经取得了抗击疫情的重大战略成果，在党和政府的领导下，我们有信心战胜这次疫情。

受疫情和中美贸易战叠加影响，中国的产业链、供应链受到了影响，港口码头、运输物流都发生了中断，国际订单、海外需求也不断下降，疫情使原材料采购、劳动力流动受阻，所以供应链方面我们确实遇到了暂时的困难。目前采取的复工复产复市措施也在逐步复苏供应链，这得益于海外各国的疫情趋缓，海外订单逐渐恢复。得益于改革开放，以及加入 WTO，我们成功地进入了世界的产业链和供应链，而且是产业链和供应链当中重要的一环，中国成为世界的工厂，中国是全球产业链、供应链的重要组成部分，我们拥有全球最完善的工业制造体系，是全球供应链的中心。在过去几年，稳定全球供应链、产业链方面起到了重要作用，现在大家都在谈论供应链会出现什么变化，我认为疫情之后，供应链某些关键环节涉及的关键产品、重要零部件会回流到发达国家的本部生产，还有一些会转移到其他国家生产，但总体来说，短期内中国成为全球产业链、供应链中重要一环的基本事实不会变。因为全球化的趋势没有改变，尽管经济全球化受到了暂时的挫折，在曲折中前行，但是世界很大，世界也很小，现在的科技和经济全球化把我们紧紧地拉在一起了，在这个问题上，巨大的中国市场和巨大的中国消费能力正在不断地显现出来。产业集群的形成，良好的劳动力素质，这些都是优势。考虑到这些要素，企业要离开中国，中断供应链在短期内是不可能的。长期内，我们要坚定信心，保持战略定力，尽量把产业链、供应链留下来。

举几个简单的例子，比如中国开设的中欧班列，从开行以来，已经达到 2.1 万列，通达欧洲 18 个国家、57 个地区，而且在疫情背景下，这些国家对中国的自行车、电动车的订单也越来越多，所以这个链条还没有断。在网上交易会，李克强总理谈到，网上直播、云洽谈等都在不断地弥补这个链条。

根据有关统计，5 月份中国出口呈正增长态势，电动车、自行车出口大幅增长。按照海关统计，2020 年前 5 个月中国的进口原油数量同比增长 5.2%，铁矿砂增长 5.1%，铜矿增长 12.4%，说明中国和世界的关系没有被阻断，中国需要世界，世界也需要中国。中国的发展是要在全世界范围内配置资源，世界需要与中国合作联系，在这个意义上，中国要做好稳固供应链、产业链的工作。

近期国家出台了一系列货币和财政政策，如《中共中央　国务院关于构建更加完善的要素市场化配置体制机制的意见》和《中共中央国务院关于新时代加快完善社会主义市场经济体制的意见》，这些重要的文件给人极大的信心和鼓舞，其中主要是深化改革，要以开放促发展，以开放促改革。中国有供应链的强大网络，生产协同高效是中国制造的长期优势，要进一步加强在这方面的优势。疫情之后，有些供应链可能转移，有些趋向于区域化和本地化，但是中国作为重要的一环，我们要落实好进一步开放的措施和政策，要营造良好的营商环境，把外资企业留在中国，打造市场在资源配置中起决定作用、更好发挥政府作用、企业为主体的良好营商环境，使我们立于不败之地，进一步完善供应链和产业链。

疫情和中美经贸摩擦对国际政治、经济、地缘政治、国际秩序产生了重要的影响，WTO 也受到了单边主义、保护主义的挑战，经济全球化正受到一些波折，多边贸易体制的权威性和有效性受到了严重挑战，我们应该坚定不移地支持多边贸易体制，支持对多边贸易体制进行必要的改革。WTO 自成立以来，对推动全球贸易发展，保障充分就业，促进各成员的经济增长和提高人民生活水平做出了重要的贡献，在未来的 WTO 改革中，中国将是多边贸易体制的参与者、坚定的维护者和重要的贡献者，我们积极推动贸易投资自由化和便利化，尊重和全面履行争端解决裁决，深度参与贸易政策审议，全面支持发展中成员融入多边贸易体制，所以在国际秩序发生变化时，我们应该坚定信心，支持多边贸易体制，对多边贸易体制的看法应该坚持三项基本原则：第一，维护多边贸易体制的非歧视、开放性的核心价值，为国际贸易创造稳定和可预测的竞争环境。第二，保障发展中成员的发展利益，纠正发展赤字，实现联合国 2030 年的可持续发展目标。第三，遵循协商一致的决策机制，相互尊重、平等对话、普遍参与。WTO 的前身是关贸总协定，战后几十年来，在贸易投资自由化、促进各个成员间合作等方面，它都做出了重要贡献，我们没有理由抛弃这样的体系和现今的国际秩序。

关于中国企业“走出去”，不管是国企还是民企，“走出去”的步伐要稍微放缓，要多做“功课和攻略”，但是不能停下来，中国必须要“走出去”，必须要和世界各国打交道。在“走出去”的过程中，要走得稳，走得好。在企业“走出去”时，要分析世界的多元化和差异化，各国有政治、经济、社会、文化、宗教等方面的不同，而且我们面临着世界百年未有之大变局，传统安全和非传统安全都对我们有一些威胁，恐怖主义、宗教极端势力、地缘政治风险等，对“走出去”增加了不确定的因素。在这个形势下，我们要做好“功课”，眼观六路、耳听八方，对国际政治、经济形势有所把握，对所去的国家要有所把握，对法律、会计、税务、社会责任等方面的风险，都要做到心中有数，“走出去”的目的是为了促进经济增长，实现互利共赢、互利多赢。

过去的工作经历让我看到很多中资企业的成功与失败，在这里想跟大家说：风险总是有的，需要勇气、高度的责任心和管理去应对，企业的全球化视野、全球化人才，帮助企业走下去、走得好。目前，到发达国家做并购、收购有一些风险，要注意合规以及发达国家对外资的审查。

当我们把风险考虑全面，做足“功课”，做到心中有数，就有信心“走出去”、走得好，如莎士比亚所说，时代脱节了，我生来就是为纠正它。人类生活在这个星球上，要共同朝前走，世界是美妙的，道路是曲折的，前途是光明的。

谢谢大家！

演讲人：江山（前驻加拿大公使）

4.4 提高治理水平是当下企业最根本的问题

依据风险发布会受邀嘉宾的演讲分享，本人认为各位嘉宾讲得高屋建瓴，整体来看大家的观点还是非常乐观的，本人非常赞成，对于疫情也好，对当前的贸易保护主义也好，本人觉得还是那句话：fear is fear itself，担忧还是担忧本身。也就是说这个世界并没有改变那么多，只是有人愿意把问题说得很严重。

当前全球局面下企业面临着以下方面的挑战：

一、关于经济的问题。全球经济增长从第一季度的-3.0%，接下来可能到-5.6%。但是这样的经济表现一大部分是消费，因为在整个国际经济总盘子当中，消费占了主导的地位，中国作为一个新兴的经济体，消费也占到了60%以上。实际上消费是受到了抑制的，也就是说有相当一大部分该花的钱没有花出去。比如说一季度，国民收入的确是降了6.8%，但是个人支出减少了14.6%，整个世界也是这样，也就是说有抑制的需求。也就意味着被以购买力决定的市场并没有被彻底摧毁。

二、关于金融挑战的问题。的确，美国确实是说在大面积地超发货币，鲍威尔原来一直是跟特朗普严重地冲突，他不听特朗普关于降息的意见。这次在疫情的压力之下，在国会的压力之下也开始大面积地放水，一个是救助，一个是经济刺激。放的水的确比2008年以后的救助计划超出了好多倍。2008年经济危机的救助差不多8 000亿美元，现在“救助+刺激”累计到了4.5万亿美元。中国为了应对2008年的金融危机，抛出来4万亿元人民币，现在中国作为新基建要拿出3万亿～4万亿元人民币，现在已经投放了2万亿元人民币。所以说货币在不断地充盈，各个国家都在讨论负利率的问题，日本和欧盟从2014年就搞负利率了，美国要不要搞？从现在整个判断来说没有必要，他们会接近在0左右。这个问题看起来是不得了的一件事情，但是可以看到美元的汇率还在波动，股票大面积地跳水，但是也反反复复。作为一个经济的血液——金融基本是可控的。

就这几个方面来说，本人觉得更多的是意识上的混乱、意识上的错位，因此会造成这种焦虑，而焦虑一定会找一个发泄的出口，所以说假想敌模式慢慢就会侵蚀人们整个意识形态，因此民粹主义、种族主义等，都会甚嚣尘上。但是更为乐观地看，参考中长期，从1950年到现在，人口达到了70亿，在二次世界大战之前，全世界的人口也就是二十来个亿，这就意味着人民争取到了一个和平的年代，科技的发展、粮食的充足、药品的改进，所以这个总的趋势不会改变。尤其是在第二次世界大战以后，这些血的教训使这些超级大国都觉得殷鉴不远。一些局部的冲突、短暂的摩擦是无法避免的，但是总的来说，这个世界是和平的、科技是在进步的。

中国现在面临的两大任务，一是要实现中华民族的伟大复兴，二是要在国际社会推动构建人类命运共同体，这两大任务的确任重道远。经济发展当中最核心的还是企业。说到企业，现在中国的企业达 4 300 万家，美国作为一个 19 万亿美元的经济体，它的企业数是 590 万家，中国作为一个 14 万亿美元的经济体，能容纳 7 倍数量的企业吗？每一次的冲击和挑战都意味着财富的重组，都意味着新的机遇出现。所以现在中国的企业必须做好以下几方面工作：

第一，企业能忍得住、能够活得下来，这是最基本的。最基本的一点就是能不能节流，这是活下来的根本。在探索机遇的路上，能够保持控制成本，减少风险，这是最起码的底线思维。

第二，要考虑如何利用外部的环境。荀子说："君子生非异也，善假于物也。"善假于物就是能够顺势、得势而为。能够获得中央政府、地方政府的各种扶持，本人觉得这是最基本的，各个企业应该考虑争取的。其次是要寻找低成本的机遇。2019 年本人到埃塞俄比亚考察，有一个中资企业，雇用了八千人做鞋，很简单的一个道理，就是随着中美贸易战的升级，我们现在在国内出口一双鞋子要付 67% 的关税，而在埃塞俄比亚，哪怕是三个工人干中国工人一个人的活，因为是零关税，因为很多的非洲国家享受发达国家给予的普惠制优惠，对于制成品、半制成品都会给予零关税，企业就会找到机会。所以本人跟美国的一些智库学者交流的时候，曾表示美国对中国发动的贸易战是没有意义的。

从贸易角度来说，中国现在每年有 33 万亿元人民币的进出口，这是无法改变的事实，美国对外的依存度也就是 16%～18%，中国现在的对外依存度到了 33.8%，所以建议企业就必须像江山公使讲述过的，我们必须维持一个全球的贸易体系，全球的经济要素能够融合。但是我们也注意到从宏观层面（这不是企业的问题），我们有高远的理想，比如构建人类命运共同体，从企业角度也有特别微观的小聪明——实用主义。但是企业对于规则的把握能力、规则的制定能力、规则的辩论能力、谈判能力是相当弱的。所以企业能不能拿出自己一套"走出去"的标准，从审核项目到日常的管理很重要。

有一次本人在约翰内斯堡主持一个中非企业家对话，来自中国的一家企业在那儿做得非常好了，但是他们根本就不理解。非洲的一个伙伴，也是我们的一个合作伙伴，做了一项"中国在非洲存在的非洲观点"调查，发现 56% 的人反对中国在非洲的经济存在，42% 的人支持中国的经济存在。后来我们真正地组织对话，让这 12 个国家的代表考察中国的企业和中国企业对话，和我们作为学者、作为媒体、作为企业代表去对话，他们恍然大悟。的确，我们的这种传播能力、我们和对方规则对接的能力、我们和当地社会融入的能力确实是比较差的，我们是非常善意的，而且是非常认真地在履行很多的企业社会责任义务，但是因为我们的这种沟通、规则意识不强，所以使国际社会产生了很多的误解。

再回过头来从宏观上来说，到目前为止，中国现在实际上不管有多么宏大的目标，但是如何摆脱“中等收入陷阱”，这是作为一个发展中经济体无法回避的问题，几乎所有的发展中国家到了人均收入 8 000 美元到 12 000 美元的时候，都会遇到“中等收入陷阱”问题，发布会主持人也强调“智”和“慧”的问题，所以现在无论从国家的治理能力，还是从企业的微观管理能力、经营能力来看，智慧已经达到了一个平台期，因此出现那么多的混乱、那么多的困惑、那么多的指责。所以现在企业怎么样真正地提高自己的管理水平、治理水平，这是当前最根本的问题。最终还是看谁能在竞争中脱颖而出，无论遇到什么样的困难都会有赢家。最简单的常识，门口摆三个摊，你能卖的货比别人多、赚的钱比别人多，你就是赢家，所以无论是疫情也好，还是整个国际局势也好，只是形势在发生变化，规律还是有的。

演讲人：刘宝成（对外经济贸易大学）

4.5　企业需用合规体系应对跨境贸易的监管

我非常荣幸地跟大家分享一下关于律师在保护中国企业“走出去”、保驾护航方面的工作经验。今天的话题主要结合合规这个比较热的话题展开。特别是跨境投资里面要注意的风险，我们注意到在除了疫情影响之外，各国政府对于跨境投资和国际贸易的监管越来越严，最近也有一些关于防护产品，类似于口罩之类，因为没有达到国际标准而被退货或者引起集团诉讼或者被外国政府调查的情况。在目前逐渐趋紧的国际环境下，无论是贸易战，还是疫情，政府监管的这些硬性条件、红线，中国企业用什么进行应对，以及对于合规体系在企业中的应用，这是我们律师给企业保驾护航时应提供的专业服务。

在 2020 年的 5 月份，美国政府先后颁布了商务方面两个出口管制新规则，一是针对华为的新规，特别是对于它的直接产品芯片等研发体系的新规，二是在 5 月底有 33 家中国企业被列入出口管制清单，前面专家学者都从宏观的角度讲了中国企业面临的经营风险，海外业务的风险如何防控。我们律师更多的是从微观，特别是从规则层面来解析这些风险在哪里。可以认为法律法规和清单的措施使中国企业面临的经营风险还是非常高的，后果也比较严重。中兴被处罚 20 亿美元，中国公民华为的孟晚舟女士现在还在加拿大进行诉讼，以及关于引渡进行斗争。

中国企业除了面临高管的风险、经营的风险、供应链被切断的风险之外，以华为为首，中国目前有 108 个企业被列入经济制裁的名单。全世界 200 多个国家（地区）中，中国被列入管制清单的数量仅次于俄罗斯，俄罗斯有 300 多个，中国目前有 255 个。美国的公司和美国自然人不得把美国的受控物项（包括技术、软件、设备、原材料）转移给中国被列入名单的企业，或者是大学机构，包括政府机构。在 255 个中既包括了公司和个人，也有一些大学。5 月底被列入的哈尔滨工业大学，他们在使用工业设计软件的时候已经出现了很大的问题，不能再使用美国提供的工业设计软件，学生在进行学习研发过程中会出现问题。同时影响到科技合作，我们的留学生和专家在海外的合作项目会受到影响。因此，中国企业应尽最大可能地降低这些风险，或者采取措施，规避这些风险。合规是一个重要的手段，对于出口管制的风险，从技术的供应链角度，最大程度降低美国成分的比例，比如华为供应链的芯片的问题，降低美国成分比例，同时寻找中国技术替代方案，以及日本、欧盟、韩国其他的供应商有没有这样的解决方案，可以不使用美国的受控物项，来提供技术的解决方案和供应链的解决方案。

对于制裁的角度，最近有些国企，包括航运类企业受到美国的经济制裁，特别是我们在和一些中东国家进行交易的时候，运输原油或者其他大宗商品，一定要注意避免使用美元结算，这些美国因素的连接点就是我们中国企业在做合规的时候要注意到的事项，其中美国因素包括了人、财、物，“人”就是美国人，在整个公司的业务链条上是否有美国的高管、美国的员工涉及这项业务，“财”主要是指美元的结算以及有美国资本的投入，或者美国投资，以及美国控制的公司介入到这些交易过程中，还有一些资本市场美元的债券等。同时我们还要了解“物项”，“物项”这个概念是我们最近帮助中国企业在外贸、跨境投资当中着重分析的法律术语，这个物项跟传统意义上的“货物”不一样，这里面既包括普通的货物，也包括技术、软件、服务等内容，所以这个概念远远大于一般的对货物或服务的理解。除了国际贸易之外，也涉及在跨境投资中国家安全的审查问题。

既然讲了贸易，我们要分析对人、财、物的影响，对于跨境投资涉及美国的连接点怎么考虑呢？美国财政部设有美国外国投资委员会（CFIUS）这一审查机构，负责外资审查，2018 年外商投资风险评估现代化法案里面明确确立了只要涉及美国的在美资产或者有美国的技术，以及美国大的销售市场份额都会构成美国政府对于跨境交易的审查管辖权的连接点，一个交易可能会涉及多个国家的管辖权，中国企业一般在跨境交易里可能至少会涉及中国、美国、欧盟，很多情况下会有三个法域管辖权的连接点。对跨境交易国家的审查，新法的颁布也是非常频繁的。2020 年欧盟的国家安全审查条例将会在 10 月生效，中国对美投资虽然出现大幅下跌，由于受到美国政府国家安全审查收紧的影响，对于欧盟的投资，在 2020 年的 10 月份也有可能会出现一个高峰，但对中国企业赴欧盟进行投资的交易都会受到欧盟及欧盟成员国安全审查，我们要提到国家安全审查中重要的几个关键因素，刚才讲了连接点，物项和技术也是其中一个非常重要的因素，如涉及关键技术。什么是关键技术？在交易中、收购企业中存在受控物项下军民两用的技术，特别是新兴技术、军民两用技术中受到出口管制影响的技术都会被认为是关键技术。一旦涉及关键技术就会受到美国和欧盟主要监管机构的国家安全审查，而是否能通过，以及中国企业在收购中是否要保留这些技术，或者是剥离这些技术、剥离这些资产都是中国企业在跨境并购中要考虑的重要问题。

另外，在我们收购的这些企业中，涉及营业地点时，这些地点设置是否涉及在国防或者军事设施以及重要基础设施周边，比如机场、港口以及高速公路、铁路的转运站接口，都会受到欧盟和美国政府的严格的审查。而在这些地方的资产，我们都会考虑是否要更换企业的地址，或者说在这个地址增加附加条件。原来海南航空公司在美国收购的一处地段，就在美国特朗普大厦五公里范围内，这时就要接受 CFIUS 的国家安全审查，因为它的位置离特朗普总统的官邸比较近，就要换址，以应对美国的国家安全审查。

另外非常关键的因素是关键的信息，特别是个人信息、敏感信息，除了个人信息之外，甚至包括特殊人群，比方说同性恋等特殊人群。在网上交易的信息中，投资美国的一个互联网公司，而那个互联网公司有一款 App，这个 App 交易的主体有很多就是同性恋，这个时候被美国政府认为是很敏感的个人信息，不得交给外国公司持有，这时候会存在一些限制性的条件，比如说剥离这个实体，以及剥离美国的公司，或者说剥离在美国公司的这些信息，或者采取信息隔离的手段，中国籍的员工和高管，以及中国的控股公司不得接触美国境内的敏感信息。当然，在欧盟也有这样的相关规定，如关于通用数据保护条例（GDPR）对欧盟的数据保护，中国企业在收购这些欧盟企业或者美国企业的时候，它其中存储的客户数据以及公司运营信息，包括员工的信息，以及包括一些生物信息，或者当地有一些做农化、农作物的信息，都会构成关键信息，而受到国家安全审查。

在国家安全审查的过程中，中国企业如何通过合规来应对这些审查呢？首先是知己知彼才能百战不殆，“知己”是梳理自己的主要业务条线，合规有多个要素。第一，中国企业要在建立合规体系过程中，梳理自己的业务条线中存在哪些合规风险，而合规风险又分哪些是最容易可能发生的，哪些是后果比较严重的，结合在一起就变成合规风险矩阵里最高风险的类别，而重要的业务被放在最优先的地方审查，合规审查就是评估这些风险，包括国内和国外两个维度之间的交易风险。风险评估以后就要对这些风险涉及的合规义务，特别是涉及管辖权的政府，这些新的规定和执法的政策。关键技术和关键设施方面，涉及国家安全审查和出口管制方面的新的政策，美国政府在 5 月份已经连续颁布了三个重要的新规以及出台新的清单，企业做合规的时候要及时地更新合规义务清单，匹配合规义务风险的防范内容。

第二个要素在于，评估风险以后，合规义务清单的设置。

第三个要素是必须有定岗定责、具体的内控机制，公司要设置内部的合规机制，对日常的业务进行审查，我提到的出口管制、经济制裁、反垄断、反腐败，甚至包括国家安全审查，在这些风险里面，我们要针对不同的业务部门、不同的合规部门设定专门的企业内部的合规官进行企业日常业务的审查，定岗定责，有义务就要去执行，必须落到实处。合规要有全面性和有效性，在内控的流程里面涉及机制的科学化，全面性涉及从管理层到一线员工的纵向到底，而对各部门配合来讲，对业务条线要全覆盖，横向到边这样一个十字交叉的概念，体现合规审查的日常全流程。

第四个要素包含了对于专业人员的日常培训，一般中国公司很难了解到这些国际规则。从 2018 年中兴事件以后，中国公司才意识到中国企业做合规的重要性和必要性，在这种情况下，国际规则的培训就摆上重要的日程。跨国企业每年要对全部员工进行轮训，对于涉及的所有的国际规则进行轮训。2019 年，我们在帮助贸促会进行全国合规风险筛查的过程中，对 5 000 家外贸企业的风险筛查中，大概有 80% 的企业，并不懂得国际规则，特别是刚才讲的对出口管制和经济制裁的国家安全审查的硬性规则并不了解，20%的大企业有经验或者聘用专业人员学习这些国际规则，但是其中80%的外贸企业是不了解这些规则的，所以培训和合规的宣贯是中国企业行稳致远走向海外非常重要的环节，我们要积极地了解国际规则，学习国际规则，掌握这些规则，并应用到日常的合规审查过程中，这是非常重要的。

第五，对合规日常的技术保存也非常重要。外贸企业的单证相符非常重要，单证相符的合规审查记录要保存5年以上，这会保证我们在受到欧盟、美国政府合规调查的时候变成减轻审查或者免除处罚的依据。

第六，合规宣贯和合规体系有效运行的保障和监督审计。任何合规体系都需要不断改进和完善。这个过程需要外部的专业机构进行审查和支持。会计师事务所、律师事务所及其相关的咨询公司为公司提供合规的咨询服务，以及提供第三方合规审计，帮助企业了解自己在合规过程中存在哪些漏洞和不足。发生违规事件后及时开展内部的调查，同时对这些合规风险给予及时的处理。如果遇到内部员工违反这些合规的纪律就要及时地给予惩罚。在中兴第二次被处罚的时候，主要是因为内部员工应该受到处罚，结果却受到奖励，这个时候会被监管机构认为是加重处罚的情节。律师在帮助企业进行维权和抗辩的过程中，这些证据以及这些具体的措施都会变成企业或加重或减轻或免除处罚的主要情节。

最后，在企业应对外国政府调查过程中重要的注意事项，特别是国际高管在国际旅行中遇到被抓捕的风险应对。一是应对调查时，遇到美国政府或者欧盟政府发传票以及调查令的时候，中国企业要沉着冷静，开展积极和快速的内部调查，了解自己的内部存在什么问题。二是，要积极和监管机构展开对话，开展抗辩，同时要向中国政府进行通报，向中国政府应对相关长臂管辖的部门，包括外交部、商务部、司法部等，开展相关情况的汇报，积极寻求中国政府的帮助，最大程度控制宏观监管的风险。三是，对应对媒体而言，媒体公关特别重要，一旦发生国际的监管和调查事件，合规风险触发后，这些危机事件的处理都会体现在国际媒体的报道上，对中国企业产生重大的负面影响，中兴、华为这些企业在被报道遭受美国政府关于出口管制、经济制裁的调查后，其供应链、商誉、资本市场的融资都受到重大影响。做好媒体公关，特别是面向国际媒体的解释和说明就非常重要。华为被调查以后，积极地向媒体解释华为现在的状态，以及华为如何开展合规管理，这对缓解华为目前的处境起到非常重大的作用，为维护华为的正面形象起到非常重要的作用。所以对媒体的公关也是在合规危机事件爆发以后企业要重视的工作。

对于供应链和管理方面，一旦美国把中国企业列入清单，供应链被切断怎么解决？首先要积极地准备临时许可和延时许可，这些许可都会帮助企业在90天或半年的时间内继续维持企业的运转。通过和美国监管机构的沟通获得这些许可证，中兴、华为目前的临时许可都在不断地申请和延期过程中。同时，我们要积极思考供应链的替代方案，比如华为海思在芯片断供以后，就体现了“备胎”的作用。同时积极地囤货，把需要采购的零部件在被列入清单的过渡期内，大量地采购将来需获得许可证的物件，获得供应链的积极支持。

企业需要专业的律师团队支持，包括中国的律师，也包括美国或者欧盟的律师，法律的知识在企业应对风险中不可或缺，除了宏观的风险之外，我认为从保险角度看，特别是江泰在支持中国企业应对在“走出去”的政治风险时，除了出口管制、经济制裁，以及对于国家的政治风险外，还要解决企业购买保险的需求，如 110 个跟美国签订引渡条约的国家，企业高管在国际旅行时，途经这些国家时都要考虑高管责任险，这会帮助其有效地缓冲被处罚、被调查以及被人身扣留等的风险。

我今天的演讲就到这里，希望大会取得圆满成功，也希望将来跟这些企业有更好的合作，谢谢大家！

演讲人：张国勋（中伦律师事务所）

4.6 疫情防控常态化与海外出行公共卫生安全

关于疫情防控常态化与海外出行的公共卫生安全，有四方面演讲内容：1. 中国疫情防控阶段变化；2. 应对疫情防控常态化需要做些什么工作；3. 海外目前疫情情况的变化；4. 海外出行注意的事项。

一、中国疫情防控阶段变化

国务院新闻办公室于 2020 年 6 月发布了《抗击新冠肺炎疫情的中国行动》白皮书，对中国疫情防控的经历做了五个阶段的总结，第一阶段：迅即应对突发疫情；第二阶段：初步遏制疫情蔓延势头；第三阶段：本土新增病例逐步下降至个位数；第四阶段：取得武汉保卫战、湖北保卫战决定性成果；第五个阶段：全国疫情防控进入常态化。

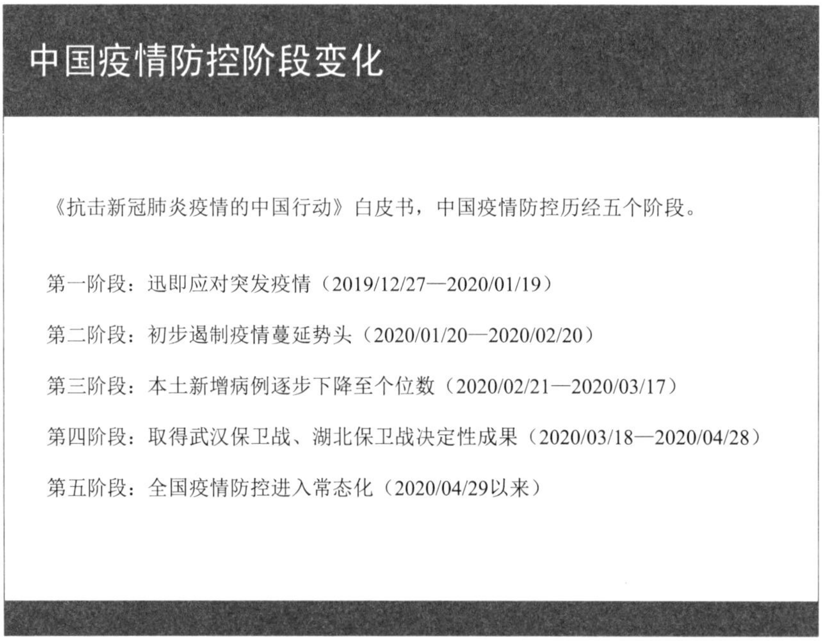

第一阶段大家都非常清楚，我们在 2019 年 12 月底，武汉发现不明原因肺炎病例，直至武汉封城。第一阶段中国第一时间报告疫情，迅速采取行动，开展病因学和流行病学调查，阻断疫情蔓延。及时向世界卫生组织以及美国等国家通报疫情信息，向世界公布新型冠状病毒基因组的序列。2020 年 1 月 18 日至 19 日，高级别专家组经过认真研判，明确新冠病毒出现人传人的现象。这是第一阶段。

第二阶段中国采取了阻断病毒传播的关键一招，果断关闭了离汉离鄂通道，武汉保卫战、湖北保卫战全面打响，中共中央成立应对疫情工作领导小组，向武汉等疫情严重地区派出中央指导组。国务院先后建立联防联控机制、复工复产推进工作机制，各地启动重大突发公共卫生事件应急响应。这是第二阶段，在 1 月 20 日到 2 月 20 日这段时间。

第三个阶段是 2 月 21 日到 3 月 17 日，湖北省和武汉市疫情快速上升势头均得到遏制，全国除湖北省以外疫情情况总体平稳，3 月下旬每日新增病例控制在个位数以内，疫情防控取得阶段性重要成效。中共中央作出统筹疫情防控和经济发展、有序复工复产的重大决策。

第四个阶段基本上是 3 月 18 日到 4 月 28 日这一个多月的时间，以武汉市为主战场的全国本土疫情传播基本阻断。离汉离鄂通道管控措施解除，武汉市在院新冠肺炎患者清零。境内疫情零星散发，境外疫情快速扩散蔓延，境外输入病例造成关联病例传播。中共中央把握疫情形势发展变化，确定了“外防输入，内防反弹”的防控策略。

第五阶段，境内疫情呈零星散发状态，局部地区出现散发病例，引起的聚集性疫情，境外输入病例基本得到控制，疫情防控积极向好态势持续巩固，全国疫情防控进入常态化。这里面包括黑龙江、吉林以及北京发生的一些零星的聚集性疫情，总体来说我们判断还是在常态化的状况下。目前必须强调抓紧抓实抓细常态化疫情防控，这种常态化可能会经常看到一些零星的散发的聚集性的病例发生。

二、应对疫情防控常态化

常态化怎么判断？基本上我们认为从整个国家各方面的判断，国内疫情防控的形势持续向好，本轮疫情高峰已经过去，是不是会出现第二波、第三波的情况？目前确实很难判断，根据下一步，尤其是进入秋季以后各方面的情况的发展来判断，这种可能性存在，不能完全排除。仍有散发的趋势，有零星的几例甚至几百例病例发生的可能性，这种聚集性的病例情况还是存在的，但是目前还是属于可控的情况，比如像北京这次新发地菜市场海鲜市场的情况，基本上溯源还是有一定困难，到底病毒从哪里来？但是从早期发现、早期控制、早期追踪，方方面面还是做得相当到位的，北京市政府、北京市疾控中心做了大量工作，全国各个方面也对北京的情况非常关注，我们也希望零星的暴发能够及时地控制住。目前来说境外疫情还是有加剧的趋势，全球疫情的拐点还没有出现，所以面临输入性病例的风险还是很大的，目前中国防疫的形势还是非常严峻的。同时，现在复工、复学、复产加剧了境内散发和境外输入病例的风险，这个风险一直存在。

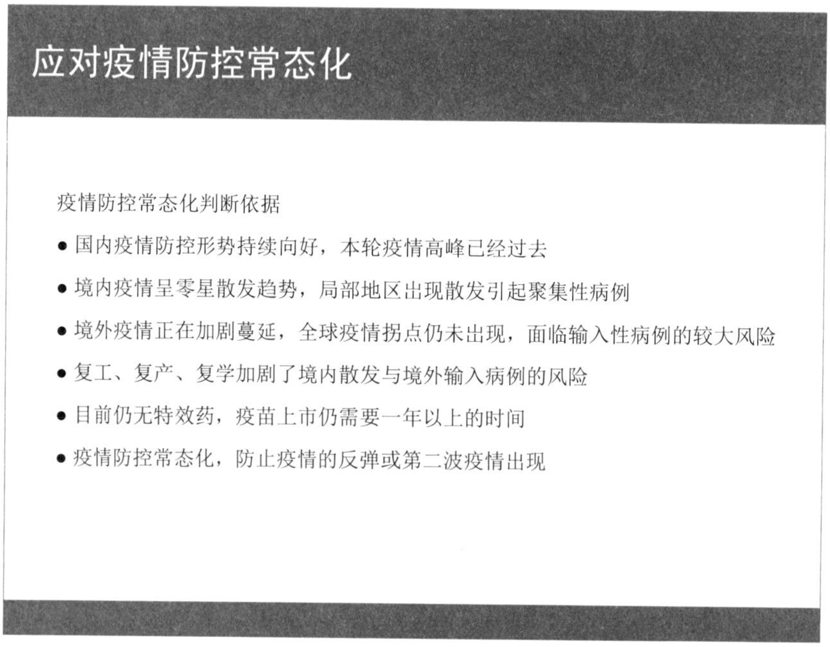

另外，有没有特效药，现在还是没有特效药，对于疫苗的上市估计还有一年以上的时间，目前还没有明确的疫苗上市的时间。所以疫情防控常态化，防止疫情的反弹和第二波疫情的发生是目前重点的工作。

应对疫情防控常态化我们应该怎么做？

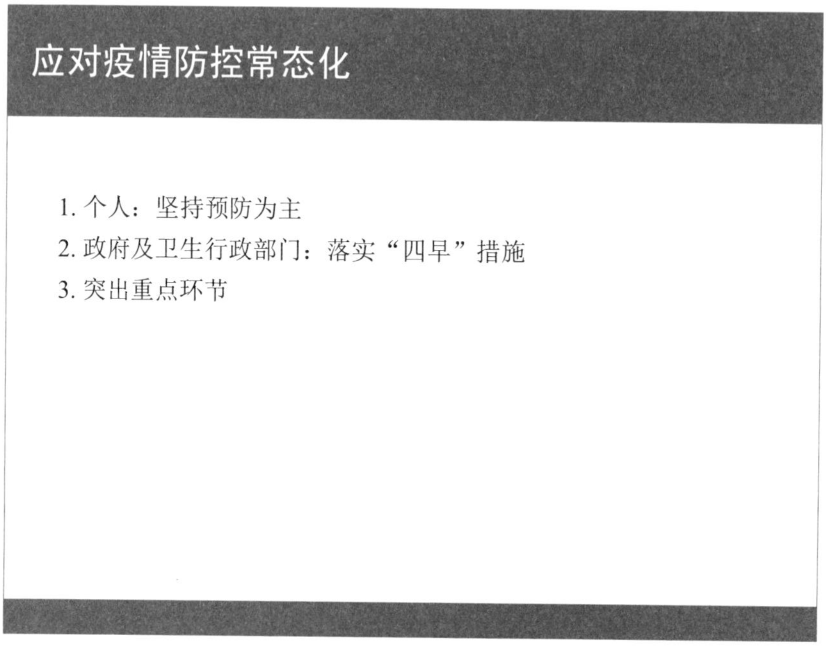

从个人角度，每一个人应该坚持预防为主，公共卫生风险其实也谈到很多类似的措施，如科学佩戴口罩，会场内的人员都戴口罩，外面的聚集区的人都须戴口罩，人员密集地方、封闭场所保持一定距离，这些是非常重要的。

第二，很重要的就是减少人员聚集，注意保持一米以上的社交距离，减少非必要的聚集性活动，减少参加聚集性活动的人员。北京前两天发现，全国原来的大型会议准备这两周召开的都延迟了，这不光是对大家的健康负责，同时也是对整个防疫情况的及时的反应。

第三，要加强通风消毒，室内经常通风，公共场所做好清洁、消毒，比如会场酒店各个防护层面，测量体温以及各方面消毒，我觉得做得非常到位，可以感觉到大家对疫情保持非常高的警惕性。

第四，提高健康素养，勤洗手、戴口罩、使用公筷、保持一定距离等良好的生活习惯和方式。

从卫生和行政部门角度来说，落实“四早”非常重要，及时发现、快速处置、精准管控、有效控制，从这几天北京市对新发地疫情的反应就可以看出“四早”措施很到位，包括今天早上各大医院、医院各个门诊都积极行动，做好各方面的准备，这一点非常重要。

首先要突出重点防护环节，尤其是以下六点：第一是重点场所的防控，生活场所、娱乐场所、室内场所落实好防控措施。第二是重点机构的防控，尤其是养老院、福利院、精神卫生机构等地的防范措施。第三是重点人群的防控，尤其是老年人、儿童、孕产妇、残疾人、慢性病患者要做好个人防护。第四是医疗机构的防护，要加强医院感染的控制，推广分时段预约的诊疗。第五是校园的防控，实行教员和学生的日报告制度，北京马上取消了中小学复学的计划，大学目前复学计划也推迟了。第六是社区的防控，加强基层社区网格化的管理，发挥社区志愿者的作用。

在疫情防控常态化中，我们必须有强大的捕捉病例的接收网络、发现病例以后的强大的病例追踪体系、出现局部暴发后的紧急救治体系，这几套体系在北京运行都是非常良好的。整个体系发挥了非常重要的作用。

第二个方面是如何利用大数据和信息科学技术分区域、分等级评估公共卫生安全风险，实现应急工作精准高效，减少对正常生产、生活秩序的影响，北京目前也是采取同样的措施，23个社区作为中高危风险地区加以分类，这也是一种精准化分类的方式。

第三个是依托全国一体化政府服务平台，全面推动各地落实健康码互通互认，一码通行，将重点人员信息共享到数据库，推进人员安全有序地流动。其他包括加强科学研究，加强国际合作，尤其是疫苗的攻关以及针对病毒变异免疫策略关键技术的研究。

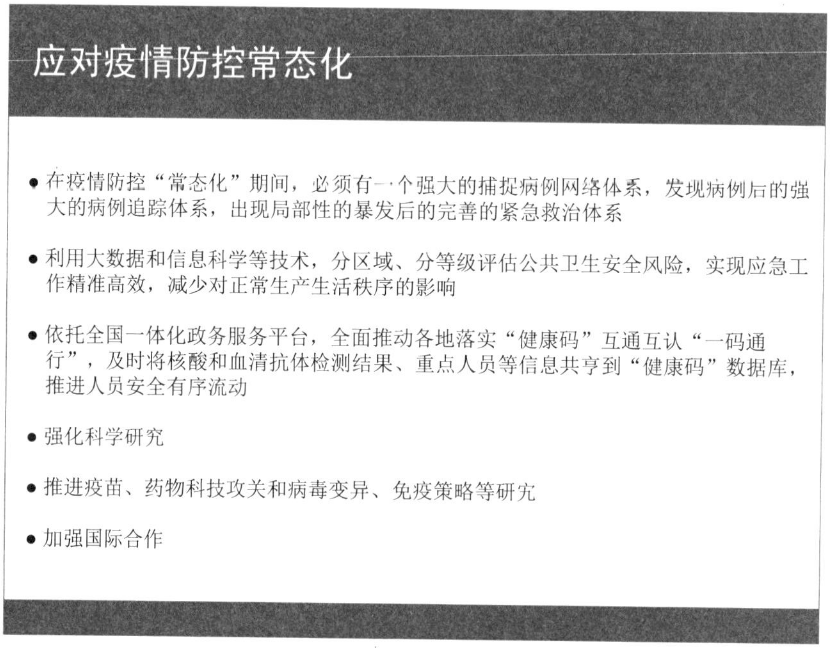

三、海外疫情形势变化

目前全球有 820 多万病例，超过 45 万人死亡。

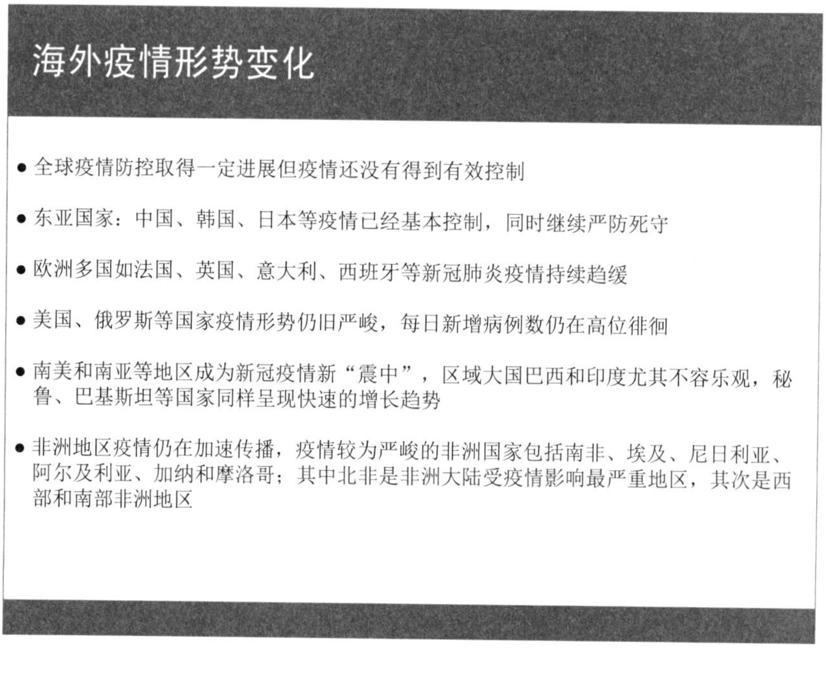

虽然我们判断整个疫情防控有一定的进展，包括欧美很多国家也慢慢开始开放，但是大家应该认识到疫情还是没有得到有效控制，东亚（中国、韩国、日本）疫情基本得到控制了，仍需继续采取严防死守策略。欧洲（法国、英国、意大利、西班牙）疫情趋缓，目前社会开始开放了。美国、俄罗斯、巴西等一些国家疫情还是非常严峻的，每日新增的病例数仍然在高位徘徊。秘鲁、巴基斯坦等国家病例呈快速增长的情况。非洲地区的疫情目前是在加速传播，疫情较为严重的非洲国家，包括南非、埃及、尼日利亚、阿尔及利亚、加纳、摩洛哥，北非，其次是西非和南非地区。中非防疫高峰论坛即将召开。

海外疫情形势变化

- 疫情暴发时采取积极措施，包括封城封市等限制社交距离的“猛击”方法，达到阻遏疫情，将疫情高峰控制在医疗体系可以承担的范围内。一旦疫情被阻遏，病死率逐渐降至可以被接受范围内，那么社会将逐步放开，又逐渐恢复“跳舞”的阶段
- 随着疫情防控取得一定进展，中国、日本、韩国、英国、法国、德国、墨西哥、阿根廷、美国部分州、印度部分地区放松管控措施，加快复工复产的步伐
- 但是对于仍有较多每日新增病例的欧美等国家开始全面复工之后，一定要注意管控上升的幅度，防止疫情的再度暴发

四、海外出行注意事项

目前国内出入境人次上升非常显著，如何保障出入境人员人身安全、公共卫生安全确确实实是我们需要考虑的，现在江泰全球救援联盟（以下简称为江泰）把这个作为重要的工作，值得赞扬。

海外出行注意的事项，一个是做好出境目的地疫情风险评估以及应对预案，我们希望未来能够跟江泰密切合作，做好相关国家的风险和应对的研究和对策。从个人来说，每个人做好个人安全防护，树立风险意识，尤其在评估目的国疫情风险的基础上，做好必要的防护措施，回国后按照国家的防疫措施要求，根据防疫的规定做好工作。目前因为疫情的情况，大家出去的可能性也不大，但是如果出境，大家必须做好安全防护。第三个方面，出境保险是非常重要的安全保障体系，通过购买专业的险种和服务项目，加

强保险保障，完善保障体系，在建立出境安全的保障过程中，不光是政府、民间组织，江泰联盟也做了很好的工作。

海外出行注意事项

1. 做好海外出境目的地疫情风险评估及应对

国家	存在风险	应对措施
印度	公共卫生安全风险、社会治安风险、恐怖活动风险等	谨慎或避免前往高危地区，注意安全防护，做好物资储备，避免不必要的外出等；
法国	公共卫生安全风险、社会治安风险、工会组织运动风险等	密切关注疫情形势，提高防控意识，遵守当地防疫规定，减少公共场所等人群拥挤地方逗留时间等；
德国	公共卫生安全风险、潜在恐怖活动风险、社会治安风险等	提高警惕，注意安全防护，避免前往政治、民族等敏感地区，遵守当地政府禁令等；
巴西	公共卫生安全风险、社会治安风险、潜在政治稳定性风险等	高度重视并严格执行相关疫情防控措施，应密切关注当地疫情发展形势，提高防控意识等；
俄罗斯	公共卫生安全风险、恐怖活动风险等	谨慎或避免前往集会示威场所与传统危险区域，减少公共场所逗留时间，尊重当地文化、民族和宗教，遵守当地政府禁令等。

海外出行注意事项

2. 做好自身安全防护，树立风险意识
在评估目的国疫情风险的基础上，做好自身安全防护，尤其是在出行过程中，准备必需的防护用品；树立风险意识，出行前做好应对疫情危机的物资和思想准备。回国后，按照国家防疫措施要求，遵守隔离或核酸检测等防疫规定。

3. 出境保险
保险是出境安全保障体系的重要组成部分，通过购买专业险种和服务项目，加强出境保险保障，完善出境保险体系，构筑出境安全保障。

对企业来说，企业如何应对？一个是减少或者是暂缓境外差旅和派遣，派遣前要做好充分的防护措施，避免员工前往海外主要疫区，对于已经在海外的员工做好疫情的评估，做好预案，做好差旅保险方面的工作。对政府来说，政府的责任在于如何完善旅行医学和卫生体系，完善国际旅行健康服务体系，加大对旅行医学，全球卫生人才的培养力度，加强国际合作，建立应急预案，做好出入境人员应急救援和保障服务。

海外出行注意事项

4. 企业的责任和应对

减少和暂缓境外差旅和派遣；派遣前充分了解目的国疫情情况以及出入境的管控措施；避免员工前往海外主要疫区；对于已经身在海外的员工，在公司层面评估所在地区疫情、做好应急预案；审查境外差旅和派遣人员保险保单，明确是否涵盖传染病导致的相关责任等。

5. 政府的责任和应对

完善旅行医学和卫生体系，构建完善的国际旅行健康服务体系；加大对旅行医学、全球卫生人才的培养力度；加强国际合作，建立应急预案，做好出入境人员应急救援和保障服务。

演讲人：郑志杰（北京大学）

4.7 直面全球疫情，全球救援服务平台的使命与担当

一、全球疫情及出行趋势

全球疫情常态化趋势非常明显，应该正视疫情常态化对中国公民出行以及全球市场造成的巨大影响。虽然目前中国夺取了全国抗疫斗争重大战略成果，但是全球形势不容乐观，根据专家的判断，全球疫情可能要持续 1～2 年，疫情常态化成为现实，新冠肺炎疫情引发中国公民出行的减少，对救援市场也产生了极大的影响。

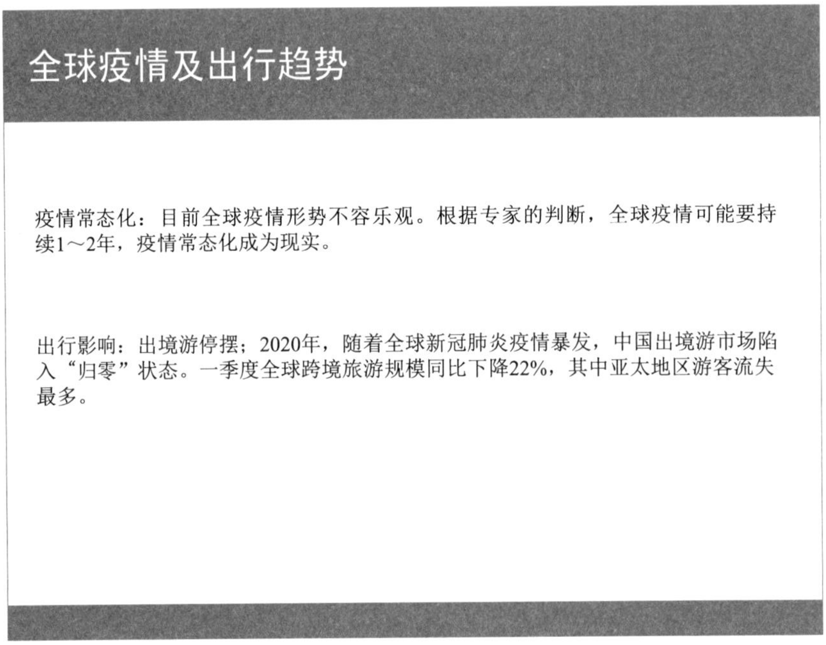

2019 年，中国公民出境人数达到了 1.55 亿人次，但进入 2020 年，中国出境市场陷入归零的状态，目前疫情在中国得到了控制，但是在全球范围内要有效遏制疫情还尚待时日，相对国内游的市场，预计出境游的恢复时间会更长。

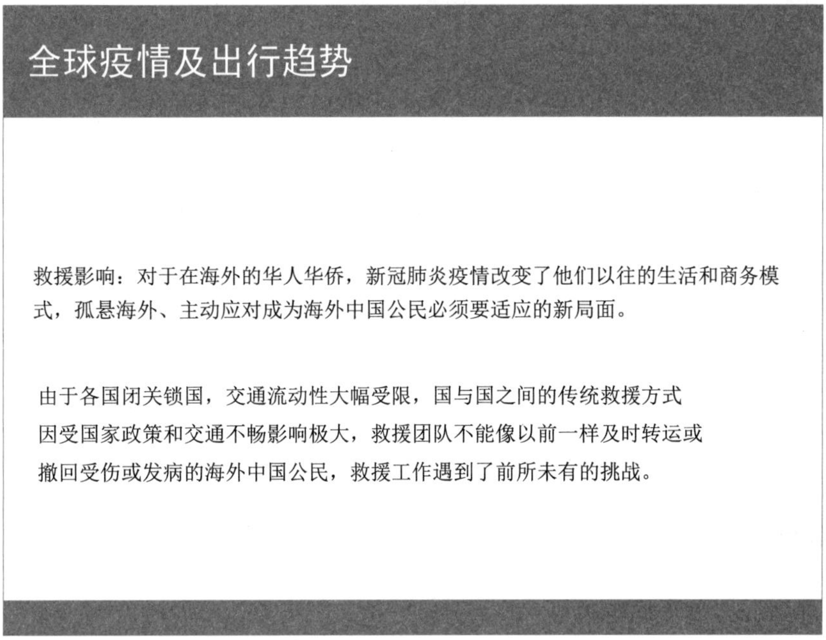

世界旅游组织 2020 年 5 月 7 日发布的报告显示，2020 年一季度全球跨境旅游规模同比下降 22%，其中亚太地区游客流失最多。来自旅游组织的数据显示，现在流失最多的地区是亚太地区，受到主要影响的还是中国，因为中国出境人数和境外旅游支出消费一直是居于世界首位的。对于海外的华人华侨，新冠肺炎疫情改变了他们以往的生活和商务的模式，孤悬海外、主动应对成为海外中国公民必须要适应的新环境、新局面。

由于各国“闭关锁国”，交通流动性大幅受限，国与国之间的传统救援方式因受国家政策和交通不畅的影响，救援团队不能像以前一样及时地转运或撤回在国外受伤或发病的中国公民，救援工作遇到了前所未有的挑战。

二、全球出行市场特点

虽然出境游受到重创，但相信中国出境游市场长期发展利好的基本面不会改变。在后疫情时代，救援救助的三个基本点没有变。

全球出行市场特点

不断强劲的市场：消费力的增长；下沉市场渗透力加深；国际签证放宽；跨境交通优化；旅游产品多样化。

不断扩展的需求：除传统救援服务外，因不同目的使得出行人员对行程的要求更为个性化；咨询服务、法律服务、生活服务。

复杂多变的挑战：不同类型服务商管理的挑战；客户对服务效率和品质要求的提高；市场、媒体等机构、个人的监督与关注；救援难度和成本的增加。

首先，强劲增长的市场不会变，短期萎缩不代表长期趋势，中国经济与居民消费力的持续增长，下沉市场渗透力的进一步加深，广大三线及乡镇农村出现了庞大的旅游消费群体，出境的下沉市场正被激发出来，而随着国家的强大，国际签证环境的进一步放宽，以及跨境交通网络的持续优化和契合中国游客需求的多样化产品均将助力中国出境游市场的积极发展。

其次，不断扩展的需求不会变。救援服务的外延不断发展，除紧急医疗救援、转运等传统的需求外，咨询服务、法律事务、安全保障、生活服务等个性化服务需求不断扩展，面对新冠疫情威胁，海外中国公民需要更多的关怀与帮助。

最后，复杂多变的挑战不会改变，境外服务商个性差异与救援流程的匹配，客户对服务质量日益严格的要求，甚至是媒体的关注与报道都是救援过程中面临的挑战。大家都知道，救援是一个多方协作的系统工作，但现有的工具大多只提供一时、一地、一事的碎片化服务，如何有效控制高昂的境外救援成本，让合作伙伴提供规范化、流程化的服务？这些都是要解决的问题。

三、大数据平台功能介绍及优势

中国公民出行海外一直是中国政府、行业、有关部门、旅游部门最为关注的问题，在出行过程中遇到突发事故或意外，保住人员生命是至关重要的，协调各种资源，提供及时、有效、专业的救援救助可以挽回不必要的损失。江泰的“大救星”全球救援服务平台有它的使命与担当。

救援平台的使命及担当

“大救星”平台的初心和使命：处理好语言不通、信息不畅、资源有限、文化习俗差异、地理环境陌生等方面的问题。

“大救星”全球资源发展策略及现况：星使覆盖138个国家和地区；星使人数3116人；覆盖城市818个；救援范围覆盖全球；服务商签约1060家；服务商资源60多万。

“大救星”平台功能介绍及优势：一键救援；星使服务；全球救援；综合服务。

由于存在境外语言不通、信息不畅、资源限制、文化差异或者因为地理环境的陌生，可能会导致大家在境外有种孤立无援的感觉，所以建立一个服务中国人的全球救援服务体系尤为重要。江泰建立的全球救援综合服务平台——“大救星”，能够将救援服务、保险保障与互联网科技融为一体，推动科技创新，运用智能化网络系统，整合救援各环节，攻克了传统救援行业的难点、痛点，实现“大救星”有求必救的初心。经过四年多的运营，“大救星”已经被证明是行之有效的智能化的全球救援系统。

“大救星”是智能化的即时信息平台，用户、服务商、星使、运营团队在这个平台上，坚持全流程的管理，做到一旦触发救援救助，每一个联系、每一步进展、每一个流程都能体现在信息平台上，用户的需求一旦提出，救援各要素即可第一时间掌握，并及时跟进，救援各方面做了什么、下一步要怎么做，都可以通过小小的手机 App 掌握进程。“大救星”也是一个移动化的救援系统，智能云平台终结了传统救援各个环节碎片化的痛点，通过移动网络实现救援各要素的集成，最终形成有机结合的救援体系。国内救援指挥中心全程掌控，所在服务地专业救助，双语星使现场协助，机构客户监督保障，从而构建了一个高效、便捷的中国出境救援服务生态圈。

“大救星”还是智能的处理终端，打通了与金融保险、支付功能、即时通信及后台服务等要素的联系。

“大救星”全球救援服务的内容：“大救星”平台可以为中国公民提供一键救援、双语星使、医疗援助、综合救援的服务，在世界上任何一个地方，只要点击“一键救援”立即发出求救信息，并且得到精准的定位，服务中心 24 小时运转，服务人员在收到求救信息后1分钟内会联系求救者，了解求救者的需求，并且给予相应的帮助。在平台上的双语星使能够提供现场翻译、陪同、慰问等贴心的服务。

“大救星”是一个综合的服务平台，平台上有各类服务伙伴，包括本地化的专业救援公司、安保公司、律所、旅行社、包机公司、星使等等，帮助解决中国公民在海外可能遇到的医疗、法律、费用、安全、语言等问题。

“大救星”还与专业公司合作，在海外的公民可能受新冠肺炎疫情、文化差异或者是工作学习压力等因素影响，使精神焦虑或抑郁，严重的受到死亡的威胁，“大救星”可以推荐专业的心理辅导机构，帮助用户渡过难关。另外疫情之下如果因为身体稍微不适，又不想去医疗机构，可以通过“大救星”平台联系在线医生，得到在线医生在线的医疗专业的指导意见，再决定是立即去医院就诊，还是先在家休养。

为了解决中国公民在海外因为突发意外或重疾，需要医疗转运、移送回国，或者家属探望而产生的高额费用，“大救星”推出了“大救星救援服务清单”，这个清单专门是为中国公民，包括旅游、商务、探亲、留学、劳务不同人群设计的相应的服务产品，清单是由救援救助服务和安全管家服务构成。

大救星救援服务清单

救援服务清单：由救援救助服务和安全管家服务构成，在保障期，所有服务由大救星安排，救援救助服务由大救星承担费用，安全管家服务免收服务费。

在线服务：清单用户可享受线上保障信息呈现、一键报案、可追踪的服务流程，以及在不断完善的更多增值服务。

产品种类：有针对不同人群的多款清单可选，如留学、劳务、旅行等。

在保证期内，所有服务由“大救星”来安排，产生的实际救援费用也是由“大救星”来承担，极大地减轻了企业、家庭和个人医疗转运和回国的高额费用负担。“大救星”借助江泰保险经纪的资源，将救援与保险有机结合在一起，不受战争国家、高风险国家，救援额度和年龄等限制，只要是中国公民遇到突发意外和重疾需要帮助，无论何时、何地、何种原因，“大救星”一定会实施援助。

四、关于“大救星”

截至目前，“大救星”救援服务已经覆盖全球 200 多个国家和地区，3 000 多名星使覆盖 138 个国家和地区，在“大救星”平台上直接签约服务商有 1 060 家，这些服务商背后的资源涉及医疗、法律、安全、生活、旅游等，另外江泰倡议建立的全球救援联盟也已经发展到 193 家联盟成员，上周通过线上和线下的方式召开了第四届江泰全球救援联盟年会。现在通过“大救星”云平台就能调用全球的服务资源，实现对海外中国公民的救援与救助服务。

全球疫情防控常态化下，救援行业面临着新的变化和新的挑战，同时也孕育着无限商机和创造价值的可能。只有把握趋势，顺势而为，才能在无限的机遇面前有所作为。

演讲人：陈洁（江泰全球救援联盟秘书长）

4.8 全球疫情后重振经济，印度尼西亚吸引外资的新政策、新机遇

非常荣幸能够有机会在这次研讨会上跟大家介绍印度尼西亚（以下简称印尼）的投资政策和机会，我们也真诚地欢迎在新冠肺炎疫情得到控制之后更多的中国投资者来投资。

首先，我想简单介绍一下为什么印尼会成为中国企业投资的首选国家之一。我们可以看到印尼的经济规模还是非常大的，GDP 超过了 1 万亿美元。人口 2.6 亿，是世界上人口第四大国。其中 44% 的人口是在 25 岁之下，这是我们人口方面的优势。这就意味着在相当长一段时间内，印尼都会有充足的人口来促进经济的发展和国家的治理。另外，我们的各项经济指标也是处于前位，商业环境是非常宽松的。印尼的 GDP 增长也是非常快的，制造成本也较低，有充足的自然资源，而且互联网用户人数在全球排名第五。

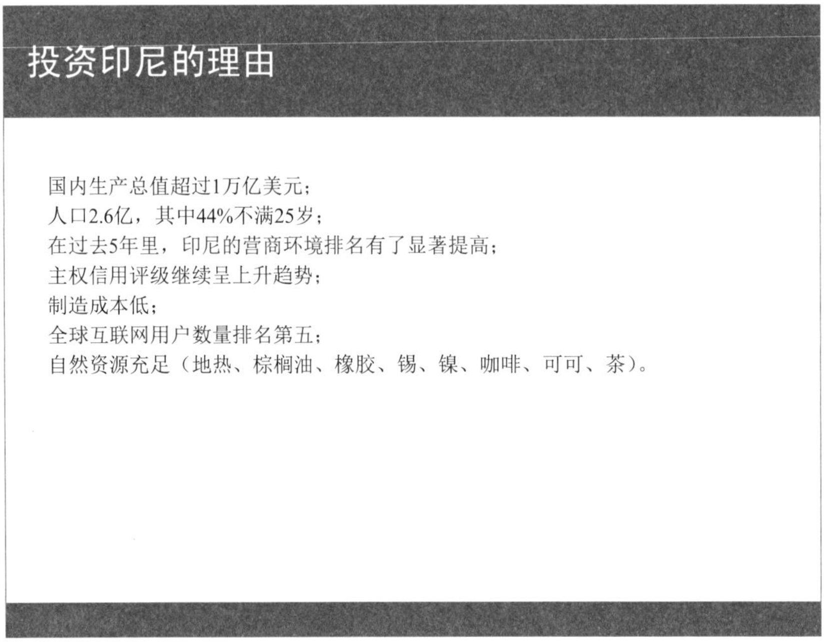

在新冠肺炎疫情暴发之后，印尼政府采取了各种措施来促进经济的发展，减少疫情对经济发展的影响。印尼政府已经成立了应对新冠肺炎疫情的特别行动小组，制定了经济、财政各方面的政策，制造医疗器械，能够更好地减缓疫情的影响。另外，

为了更好地支持经济的发展，政府已经制定了很多政策，包括财政和非财政的刺激措施，包括货币和金融方面的政策，以及在健康、社保，经济安全、国家经济复苏方面的政策，投资者可以享受到税收等方面的优惠，如手续简便，我们的财政和货币政策、金融政策能够帮助外国投资者应对目前的疫情形势。后疫情时代，政府将会进一步改善投资环境，以及推出一系列的经济刺激政策，简化相应的规章制度，提升印尼的竞争力，以及促进国内经济的发展，我们还会针对外国投资者，给予更多的免税期，更好地促进投资的发展。

这些政策会在近期给投资者带来哪些方面的优势呢？可以说有越来越多的行业会享受到免税政策，以及简化监管措施的便利，另外还会施行更简便的投资许可批准程序，以及更好的投资便利和激励方面的措施。印尼投资委员会能够提供针对外国投资者的定制化服务，能够帮助外国投资者解决在印尼投资所遇到的问题。外国投资者还可以更方便地通过在线申请方式简化办事程序。我们也欢迎投资者到我们的投资区以及保税物流中心进行投资。另外外国投资者可以享有百分之百的外资产权，包括战略领域，像餐饮业、制药业、木材业、电信行业等。其他的领域也是对外资开放的，让外国投资者能够参与我们的经济快速建设，并从中获益。

印尼新冠疫情期间的鼓励政策

刺激政策

财政第一阶段：就业、粮食援助、住房、旅游刺激
财政第二阶段：降低所得税、进口所得税、增值税
非财政：减少和简化进出口限制

中央银行

降低进出口银行的存款准备金率
向外国投资者扩大基础交易的类型
向全球投资者开放全球和国内托管银行

财政部

健康安全保障：75万亿印尼盾（50亿美元）
社会保障：110万亿印尼盾（73亿美元）
经济安全保障：70.1万亿印尼盾（47亿美元）
国家经济复苏：150万亿印尼盾（100亿美元）

在下一步经济发展阶段中哪些领域对外国投资者是最有吸引力呢？

首先是旅游业，我们相信旅游业会更进一步地促进印尼及其他国家经济的发展，特

别是在后疫情时期。印尼的旅游业每年增长率超过 GDP 增长率约一倍，国际旅游者在 2017 年到 2019 年每年的增长率是 30.8%，正如印尼总统所说，在未来 20 年内，新增工作中有 1/4 都会在旅游行业，我们促进旅游业的主要想法，会有更多的人通过在线的方式进行沟通，我们也欢迎大家能够在印尼进行在线工作，特别是在巴厘岛进行居家的在线工作。有很多公司实际上已经在巴厘岛安家，能够在家工作，还能够享受当地的美景。除了巴厘岛之外，我们同样也欢迎大家到印尼新的旅游目的地，就是所谓的十个“新巴厘”这个区域进行投资，推动旅游业、农业的发展。

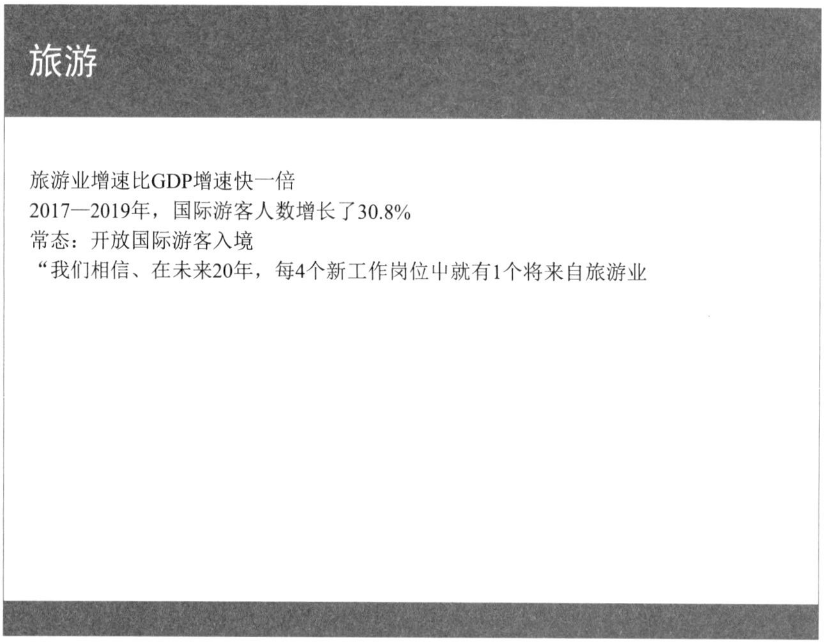

另外是数字经济。印尼可以说拥有了东南亚最多的独角兽企业，我们把它们称为十角兽，因为它不再是独角兽了，如 Go-Jek、OVO 等企业，在印尼有非常多的互联网用户，我们的数字经济规模也非常庞大。到 2025 年，我们的数字经济规模将会达到 1 300 亿美元，这是在新冠病毒暴发之前所预测的数字，我们也确信这个数字经济规模会比我们预想的增长得更快。我们猜想会超过 1 300 亿美元，达到 1 500 亿美元的规模。2019 年，我们的电子商务规模已经达到了 210 亿美元，社交媒体用户已经达到了 1 亿多。来自中国的投资者，比如阿里巴巴的蚂蚁金服、百度、腾讯等，他们也促进了印尼的经济发展。

数字经济

独角兽企业在东南亚数量最多；
2010年以来，数字金融应用数量快速增长；
到2025年的数字经济1300亿美元；
庞大的“科技通”人群；
风投的投资有区域性轴心；
2019电商市场的价值210亿美元。

第三个领域是极具潜力的电动车领域，我们在这方面具有优势，特别是在制造电动车方面，印尼是世界上镍产量较高的国家之一，对于三元锂电池来讲是非常重要的，可以说这个资源是非常丰富的，大约 56 万吨镍的年产量，这使得印尼成为世界上较大的镍生产国。据我所知有中国的公司已经在印度尼西亚进行投资了。

电动汽车

电动汽车电池的原料组成

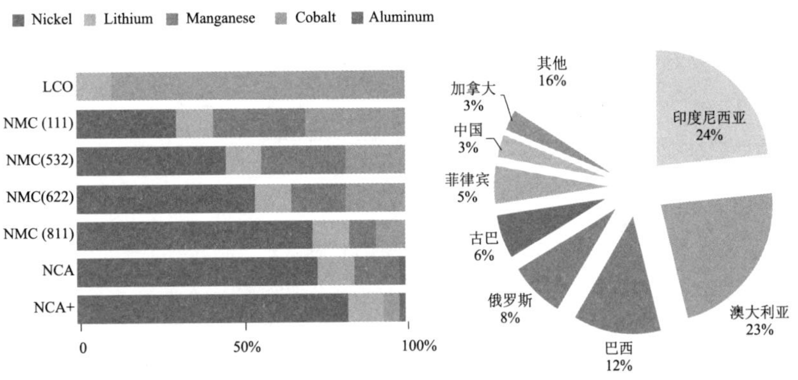

第四个最具潜力的领域就是人力资源发展。人力资源的发展是印尼最优先发展的领域，如职业教育学校能够给我们提供充足的劳动力，大学毕业生目前还不能满足工业需求，可以说只有 5.4% 的教育机构是职业教育机构，在其他国家这一比例可以达到 50%，所以政府发布了一系列的政策，进一步促进职业教育的发展，以满足工业界

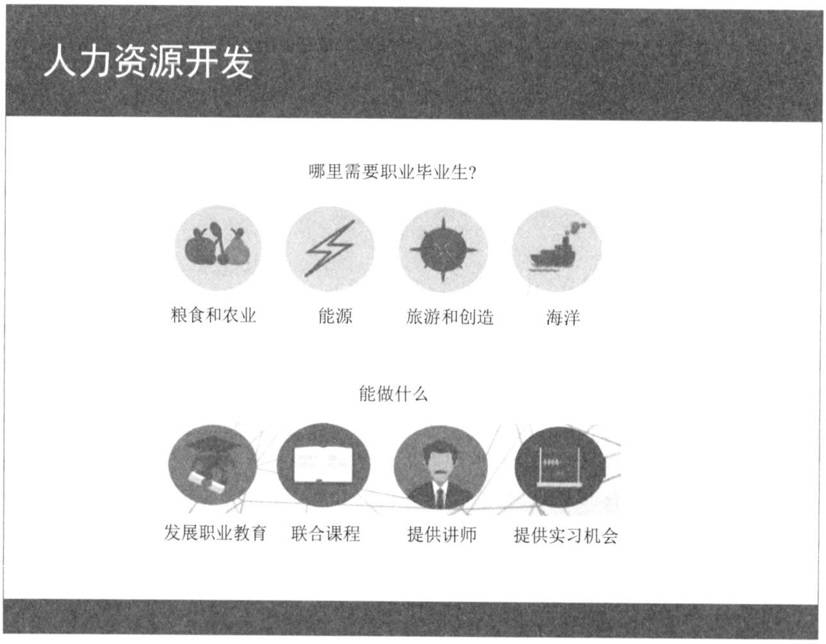

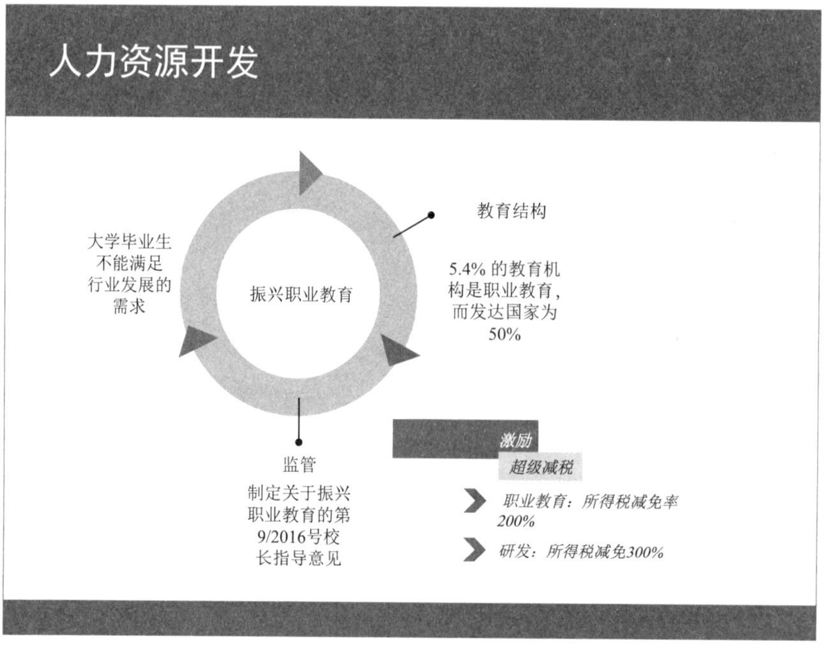

的需求。我们也建立了新的职业院校，职业院校的毕业生在餐饮业、农业、能源业、食品、旅游业、创意产业等都有很多的需求，我们也联合开发一些职业教学的大纲，能够提供更多的实习机会，促进职业教育的发展。

如何对新形势下的经济进行转变？首先要有一个健康的生活方式，在过去 5 个月内，新冠病毒使我们意识到健康是我们最宝贵的资产，这也给我们带来更多的机会，让那些健康领域的公司能够提供更多的健康营养产品，传统的印尼草药和医药也很受欢迎，食品餐饮业也给人们提供营养健康和有益处的产品，不断地发展他们的品牌，改变人们的生活方式，比如自己在家做饭，这也会促进食品业的发展。

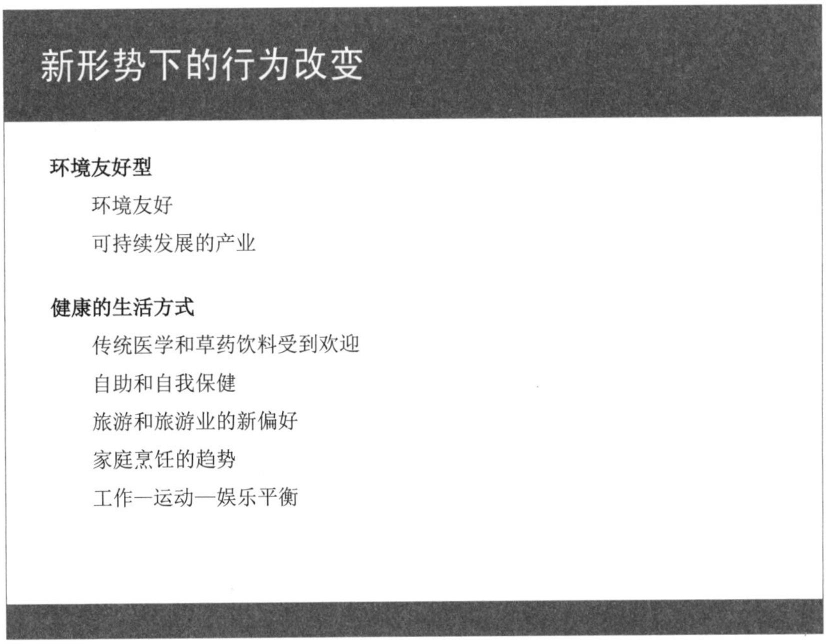

另外，人们能够同时平衡工作、生活的需求。印尼是一个非常美丽的国家，有很多的风景区。现在，人们还可以有更多的互动，在商业领域，他们需要去利用数字技术，跟人们进行更多的互动，我们看到有更多的在线购物、在线娱乐，以及居家办公，比如说通过 Zoom 进行视频会议，利用云技术进行社交等。

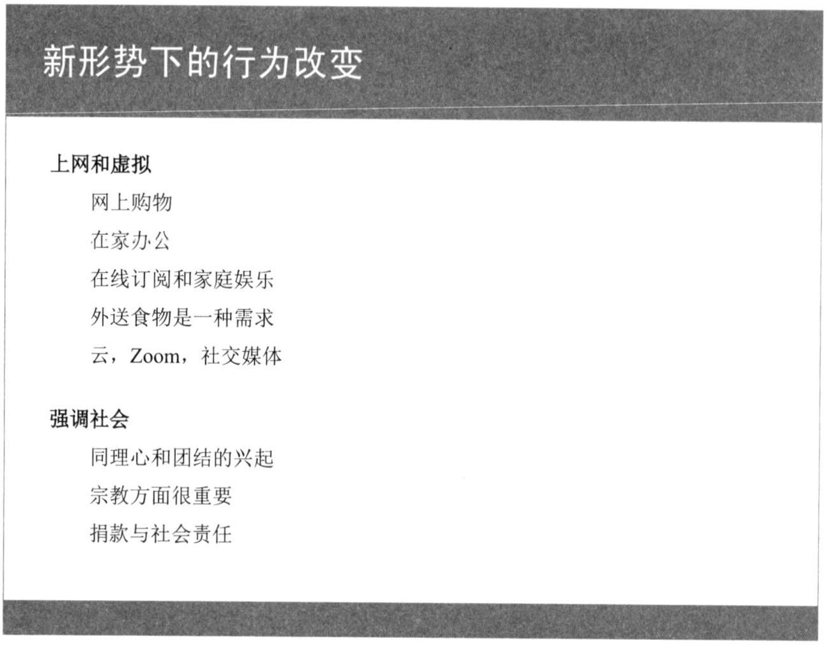

大家都希望使用数据媒体来作为商业运营的新平台，而且这也是一个很好的投资领域。新冠肺炎疫情给社会带来了众多的挑战，这也给新的行业带来了机会，这意味着公司需要去应对社会的变化，同时承担起企业社会责任。企业的社会责任是非常重要的，尤其是企业在应对新冠疫情的时候更是如此，如果他们能承担社会责任，就能够提升消费者的忠实度。此外，社会也需要创造出一个更加有益于商业发展的环境。如同野生动物在过去曾经被人们捕猎，现在我们需要创造出来一些新的商业模式，帮助我们更好地保护野生动物。而这对于企业来说是一个很好的机会，他们可以获得公众的支持，可以更好地推动商业的可持续发展。

再一次向主办方表示感谢。

演讲人：周浩黎（印度尼西亚驻华大使）

4.9　全球疫情后重振经济，埃塞俄比亚欢迎中国企业家

2020 中国企业“走出去”风险发布会可以说是前所未有，虽然受新冠肺炎疫情影响，但这次会议非常成功。它是一个交流创新观点和想法的平台，也能够大大地推动合作的机会。

首先，借此机会要感谢中国人民在应对本次疫情方面所做出的杰出的贡献和牺牲，也因为中国对我国应对疫情提供了大力的帮助，我在此表示感谢。真正的朋友是雪中送炭的，而中国确实是埃塞俄比亚真正的伙伴和朋友，我们也期待在抗击疫情的过程中开展更加广泛的合作。

引用习近平主席在中非合作论坛中提到的观点，我们要携手共同应对新冠肺炎疫情，我们也要共同去解决新冠肺炎疫情所带来的众多挑战，要携手共同推动经济的复苏，加强在后疫情时代的合作。

新冠肺炎疫情对埃塞俄比亚来说是一个挑战，我们也认识到要必须迅速采取行动，国家成立了部长级委员会，由阿比·艾哈迈德总理领导，而委员会及其附属会的目标是消灭这个无形的敌人并集中领导。新冠病毒是公共卫生的威胁，当前的政策重点是如何通过公共投资和调动发展伙伴的物质和财政来支持医疗体系。

新冠肺炎疫情也是一种经济威胁，在没有疫苗对抗病毒的前提下，各国能够采取的控制病毒传播的唯一有效方式是让本国民众居家，避免在公共场所、学校、餐馆、市场或近距离活动的地方出入，毫无疑问这些措施会使经济发展偏离方向，对投资项目的顺利运作也会产生不利影响，会削弱我们近期改革预期的正面效果。

在采取必要措施控制新冠病毒扩散的同时，我国政府还密切监测疫情，以减轻对经济、贸易和投资流动的影响，同时也监测埃塞俄比亚在过去 20 年中经济改革和高水平增长的趋势。在过去 20 年当中，埃塞俄比亚保持两位数的增长，而且也成为世界上经济增速最快的国家之一。希望在 2020 年经济增长可以达到 6% ～7% 的速度。最近一系列主要改革，包括埃塞俄比亚投资法的现代化和投资政策制度与国家发展目标一致。修订后的投资宣言于 2020 年 1 月获得议会批准，这标志着投资政策方向发生了重大转变，特别是针对外国投资。在这样的危急时刻，这样的协调和决策机制能够更好地、快速地做出及时的决策，帮助我们更好地抗击疫情。同时，也能够监测、问责和恰当地执行正在采取的各种措施。

外国直接投资不仅带来了经济发展所需的资金，也带来了技术、技能、管理、产品设计和营销网络等方面的优势，它能够帮助埃塞俄比亚生产高质量的产品和提高国内生

产能力。中国是埃塞俄比亚的老朋友了，而现在已经有上万家中国企业在埃塞俄比亚投资兴业，而且中国也是埃塞俄比亚最大的贸易合作伙伴，此外，中国也是埃塞俄比亚最大的融资伙伴国。

刚才所提到新的投资宣言，开放了以前对外国投资者不开放的一些领域，同时我们还采取了负面清单的方法，来确定完全或者部分限制外国投资的经济部门和领域，这就意味着只要不在负面清单上，其他领域都将对外国投资者开放。国际经验表明，大多数外国投资者认为这种做法更加可取、更加透明，也更可预测，也更不容易产生混淆。而在这样的时刻，有专业的知识和技术，才是抗击新冠肺炎疫情的关键，而外商直接投资也可以发挥非常关键的作用。我们以哈瓦萨（音）旗舰工业园为例，使用中国开发的特殊面料，正在生产多达 100 万个三层口罩，供应给埃塞俄比亚卫生部，最近埃塞俄比亚投资委员会已经证实，约有 33 家公司已将他们的生产线改为生产个人防护用品，其中 14 家已经开始生产了，其余的公司将会在未来几周开始生产，有 21 家位于工业园区之内，而工业园区的其他外国投资企业也正在积极地探索往埃塞俄比亚和周边市场开发个人防护设备的方法。

评估外国直接投资趋势的主要国际机构做出的评估并不是令人鼓舞的，因为据估计，2020 年全国直接投资将下降 40%，我们很难说这种趋势如何影响埃塞俄比亚。自 2012 年以来，埃塞俄比亚接受的外商直接投资平均增速达到 50%，2017 年达到 41 亿美元的顶峰，2018 年埃塞俄比亚仍然是东非地区最大的外商投资接收国，也是非洲第五大外商投资接收国。在新冠肺炎疫情暴发之前，我们的希望和预期是 2020 年埃塞俄比亚的外商直接投资流入将会超过 2017 年。这种乐观的评估是基于非常可靠的推理的，因为我们成功启动了本国经济改革议程，而这个改革议程是由总理所主导的，这个议程可以帮助我们更加稳固宏观经济政策环境，而且我国的十年规划也已经确定，将会为我们未来 50 年提供优先的发展事项和政策方向。而埃塞俄比亚投资委员会也一直与合作伙伴积极合作，从工业园区的发展开始为投资者制定一揽子的支持计划，如果成功，将会扩大到所有的部门，从而可以激励投资者在新冠肺炎疫情引发经济衰退的情形之下全面复工复产，恢复运营。在主要发展伙伴的支持下，除了正在采取的各种经济和政策刺激措施之外，我们也积极地测试在停工期间对工人进行再培训的方法，以提高生产率，在危机时期可能将会对工厂进行重新配置，以开拓新市场，关键是我们有了经济和政策支持，来缓解经济低迷时期以及复苏阶段的压力，所有的这些都是为了确保经济将在新冠肺炎疫情过后强劲反弹。

埃塞俄比亚是非洲联盟的总部所在地，我们必须重申，埃塞俄比亚投资环境的所有优势仍然存在，尽管我们面前笼罩着一些不确定性，但是我们仍然抱有希望。我们应该吸取教训，抓住投资的机会，我坚信在可预见的未来，埃塞俄比亚将会继续成为非洲最具吸引力的投资地。然而鉴于全球经济格局的变化和新冠肺炎疫情所造成的不确定性，我们也正在重新评估我国的投资促进战略，使之更加积极主动，更加具有针对性和吸引力。新冠肺炎疫情告诉我们，迅速采取行动是做好准备的关键，我们要以巨大的努力和紧迫感来执行政策，而这也是应对疫情最重要的保障，因此我真诚地相信，我们两国当前的融洽气氛和堪称典范的根深蒂固的战略伙伴关系，将会有助于我们携手共同探讨新的合作途径。正是在这样的背景之下，也正值庆祝埃塞俄比亚和中国建交 50 周年之际，我也热忱地邀请中国企业到埃塞俄比亚寻找投资发展的机会。

最后，我祝愿本次会议取得圆满成功，谢谢。

演讲人：托加（埃塞俄比亚驻华大使）

4.10 中国与哥斯达黎加疫情后经济合作新空间

各位上午好。首先我想感谢2020中国企业“走出去”论坛的主办方对我的热情邀请，而且我也非常高兴在这里给大家谈一下哥斯达黎加的情况。

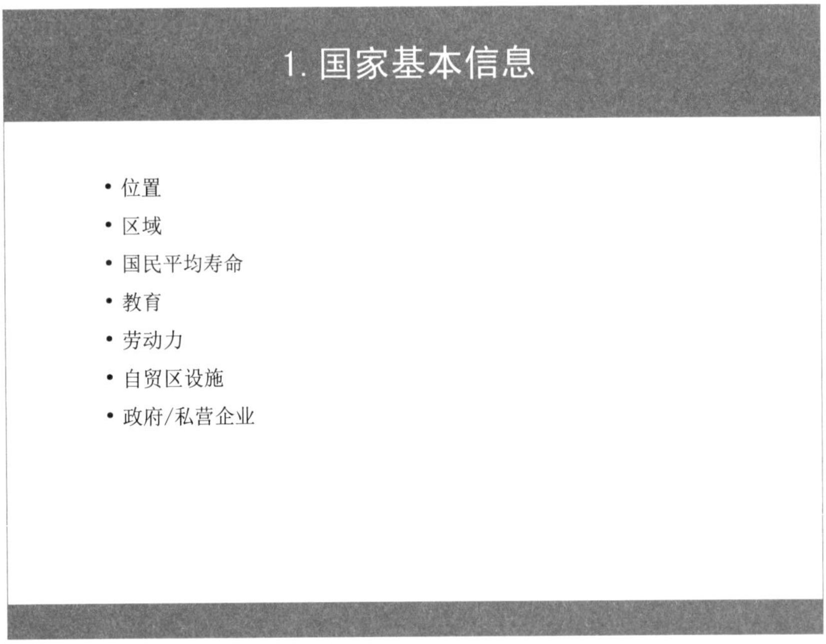

哥斯达黎加10年之前就与中国签订了自由贸易协定，2018年我们参与到了中国提出的“一带一路”倡议当中，并且全心全意地投入其中，向中国投资者提供了非常好的进入到中美洲的桥梁，我们期待着彼此间建立起强有力的联系，虽然我们是相对比较新的“一带一路”倡议参与国，也是一个国土面积相对比较小的国家，但是我们将全力以赴地投入到“一带一路”建设中。

哥斯达黎加位处中美洲，我们拥有200年稳定的民主制度，2021年将会庆祝获得独立200年。哥斯达黎加被视为是吸引国际直接投资的安全的国家，我们的国土面积为52万平方公里，人口只有500万左右，我们的英语人口比例很高。现在有中国的老师正在哥斯达黎加教授汉语，而且汉语也成为当地非常流行的语言，希望通过学习汉语可以更好、更加流畅地与中国进行沟通和交流。根据世界卫生组织全球卫生观察站的预计，我国人口预期寿命在美洲排名第二，在世界排名第十八。

自1870年开始，我们的义务教育就是免费的，识字率已经达到了97%，这也是150年来非常坚定的教育政策的丰硕成果。我国受过良好教育和训练有素的劳动力为外国公司的建立提供了便利。我们位于中美洲的优越地理位置，在大西洋和太平洋沿岸分别拥有两个大型港口设施和两个国际机场，这与中美洲、加勒比海、南美乃至整个世界的进出口活动提供了便利。哥斯达黎加政府也针对全国免税区发展了特别的项目，尤其是提供了一些特殊的免税政策，促进企业制造和销售产品，以及推动技术转让，从而可以帮助他们在拉丁美洲和加勒比地区的其他国家获得许可或应用。哥斯达黎加最近通过了一项针对政府和私营部门企业的政策，来推动本地和外国公司在我国的投资。

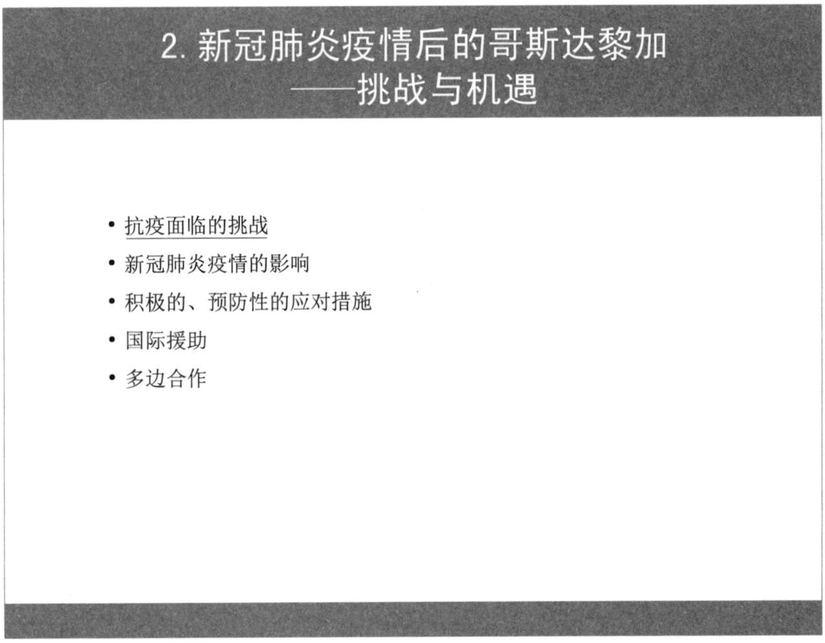

下面我谈一下新冠肺炎疫情所带来的挑战，对于我国而言，新冠肺炎疫情确实是一个严峻挑战。新冠肺炎疫情是影响了全世界的重大公共卫生威胁，如果要保持可持续增长，首先克服疫情对经济和社会发展造成的影响。迄今为止哥斯达黎加已经采取了非常主动积极、预防为主的方式，降低疫情影响，并且取得了令人鼓舞的成果。我们因为新冠肺炎疫情而丧生的人数是 10 人，这要感谢中国政府为我们提供了大量的专业知识、经验，帮助我们知道应该怎样去应对新冠肺炎疫情。包括向我们的医院和医疗体系提供了非常好、大量的捐助，我们非常感激中国的帮助和贡献。

当前，哥斯达黎加也已经通过主动积极预防的方式降低了疫情的影响，而且我们也显示出了良好的应对能力和坚实的体制框架，以巩固健全的卫生系统。而我们在国家层面采取的措施是根据技术和科学标准制定的，采纳了中国和其他国家医疗主管机构的建议，我们根据保护人权的使命和民主体制的要求，将最脆弱的人群放在首位，我们致力于找到应对疫情的多边合作和创新解决方案。我们认为只有团结起来，才能够真正去应对这一空前的挑战，才能够真正地取得抗击疫情的最终胜利。

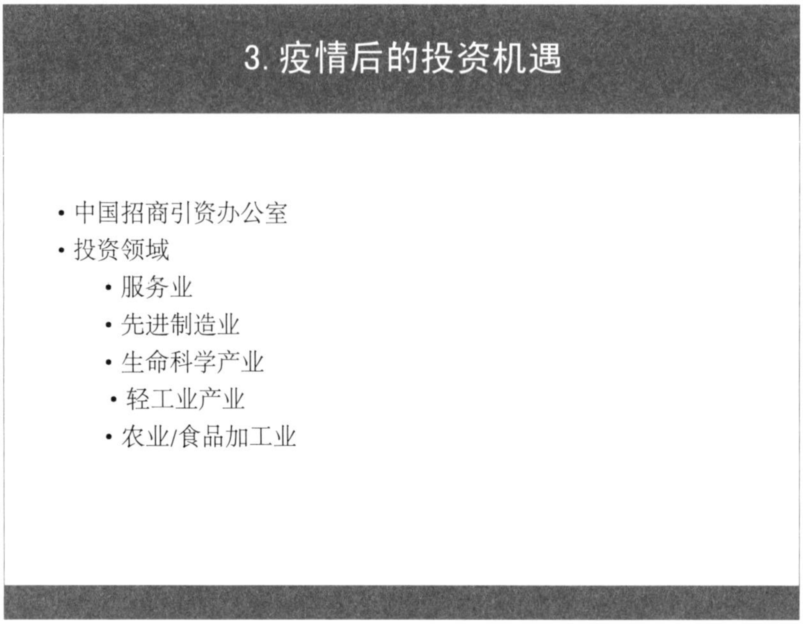

再来谈一下在后疫情时代的投资机会。哥斯达黎加外贸部在上海已经设有办事处，希望通过这个办事处大力促进中国投资哥斯达黎加，促进哥斯达黎加和亚洲国家之间的进出口活动。2007 年已经与中国有了一些合作，我们非常激动地看到了这方面的丰硕成果。我们向中国的出口达 1.98 亿美元左右。我们也认为中国是哥斯达黎加最主要的贸易合作伙伴和投资伙伴之一，我们有大量的合作机会。

在国际投资方面有以下非常重要的领域：

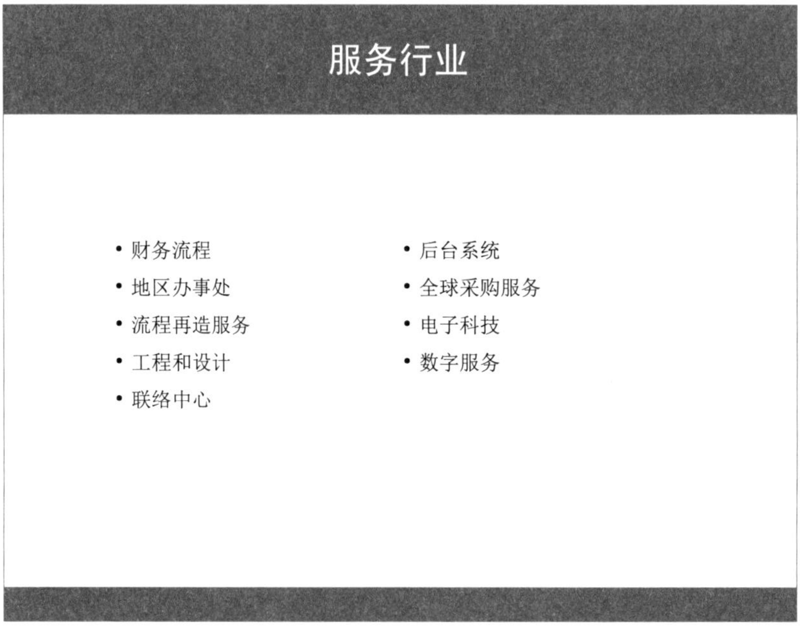

一是服务行业。哥斯达黎加已经从交易功能演变为复杂的多功能流程国家，包括财务流程、后台系统、区域中心、软件开发和 IT 等，包含大量的商机，当前哥斯达黎加为复杂的业务流程提供了成熟的服务环境，并且已经成为拉丁美洲高附加值服务的出口大国。而我们在服务行业最重要的发展领域包括财务流程、后台系统、地区办事处、全球采购服务、人力资源服务、流程再造服务、工程和设计、电子科技、联络中心、数字服务。当前有一些公司已经加入到了推动哥斯达黎加经济发展的行列，在服务行业有滴滴出行，它参与到公共交通领域，华为也在哥斯达黎加投入了大量的资源，帮助我们改变通信方式，支持我们发展 4G、5G 技术。我们现在也急需发展基础设施，只有完善的基础设施才能推动经济高速发展，稍后我还会介绍基础设施方面的内容。

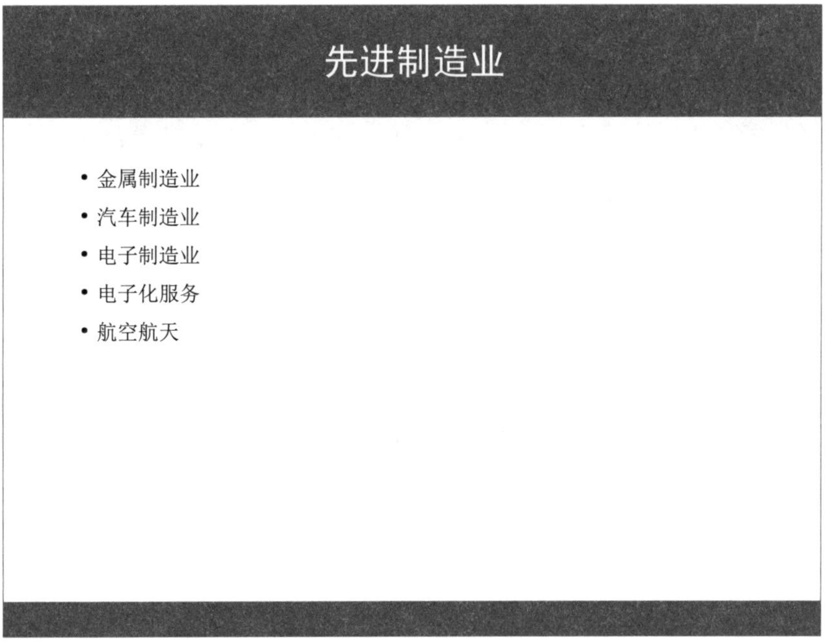

二是先进制造业领域。哥斯达黎加是拉丁美洲生产复杂工艺产品的领先国家，展现了一个高度整合的行业特点，制造的产品种类繁多，制造业具有极强的活力。强大的教育体系和熟练的高素质的劳动力推动了哥斯达黎加的高科技产业发展，也增加了公司的数量，帮助其更好地融入全球价值链当中，而投资的主要领域包括了金属制造业、汽车制造业、电子制造业、电子化服务行业、航空航天业。这些领域都与哥斯达黎加公共交通领域的转变息息相关，汽车制造业正在从传统燃油车向电气化车转变。我们也非常重视环境保护，国家对气候变化应对方面也是非常重视的。

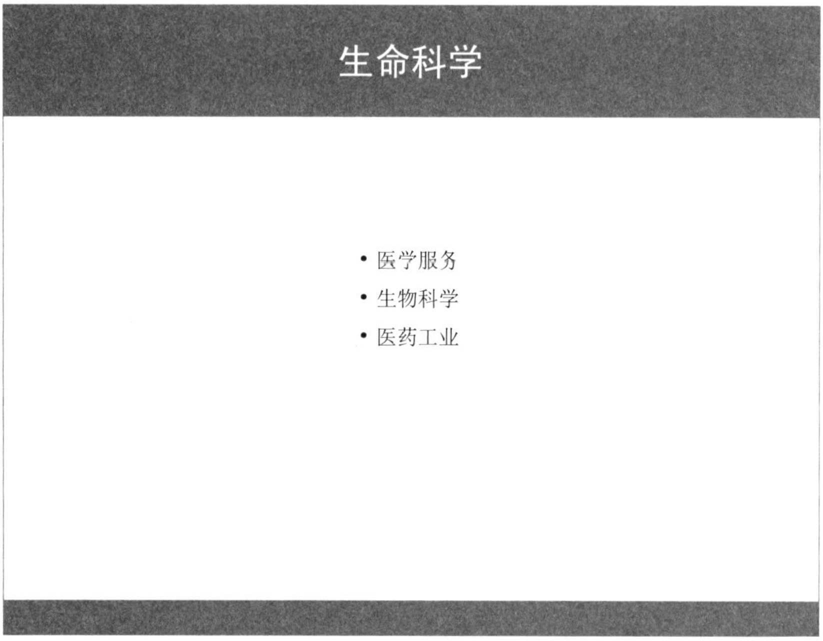

三是生命科学领域。哥斯达黎加是地区医疗技术投资的领先者，250 多家高科技制造公司中 60% 是医疗设备生产商，他们将哥斯达黎加作为企业打造竞争力、稳固业务运营的枢纽，根据留京（音）公司在 2014 年的医疗技术报告，哥斯达黎加已经成为除欧洲之外全球领先的医疗技术投资国，在 5 年内吸引了 47 个医疗技术项目。多年以来，我国已经从一类医疗设备发展到可以涵盖一类到三类的医疗设备，覆盖了美容、心血管、牙科、内窥镜、药物输送系统、神经血管、神经调节、光学、骨科、运动医学、耳鼻喉、诊断组件等领域，服务于美国、欧洲、亚洲和大洋洲的市场，哥斯达黎加现在是拉丁美洲第二大医疗器械出口国，也是美国市场的前端供应国之一。这个领域的生产主要涵盖了医学服务、生物科学以及医药行业。

四是轻工业。哥斯达黎加已经发展出一个综合性的工业部门，2019 年的出口额达到了 80 亿美元，占货物出口总额的 76%，哥斯达黎加向超过 150 个贸易伙伴出口 4 000 多种产品，其中涵盖电子产品、纺织品、塑料、珠宝、钢铁、金属器械和纸张等。轻工业企业已经将哥斯达黎加视为出口平台。与其他国家相比，我国具有一系列竞争优势。哥斯达黎加在商品生产方面拥有非常丰富的经验，而这些商品已经是全球价值链不可或缺的一部分，2013 年近 40% 的商品出口与电器、电子、航空航天、医疗设备等行业的全球产业链相关。我们拥有一个由跨国企业组成的综合集群，为与其他支持核心流程中的高科技活动的行业建立联系提供了理想的选择，比如塑料成型、精密加工、电镀、冲压和包装，以及最近的电子术消毒等。基于这些经验，工人非常熟悉按照最严格的质量标准工作，包括 ISO9001、ISO14001 和 BSA 等。该行业的公司还可以在大都市区以外的地区享受最具有竞争力的激励措施，它不仅可以找到稳定、友善和熟练的劳动力，而且还提供税收优惠政策。

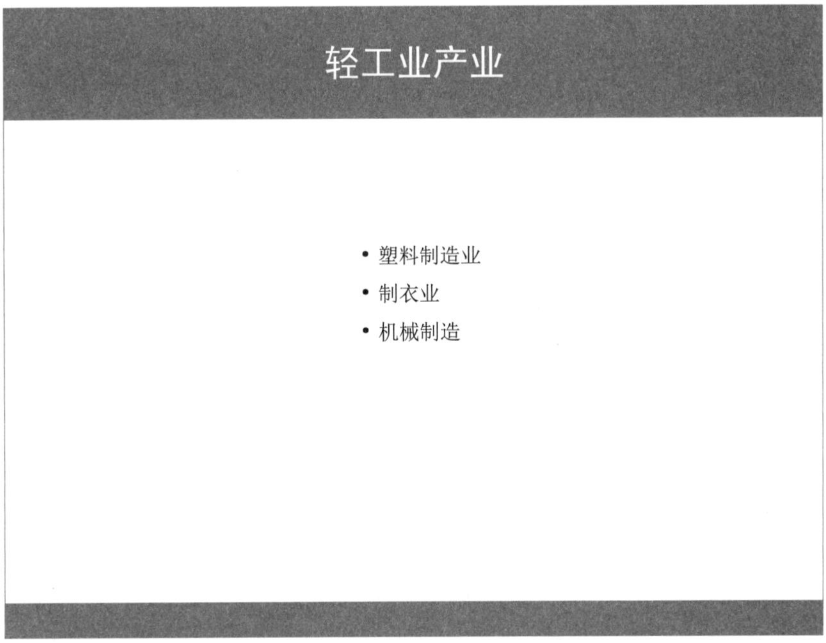

当前哥斯达黎加拥有大量的鼓励政策，随着这些行业在哥斯达黎加的发展，以及物流的成熟和发展，政府也正在积极地推动工业园区以及自由贸易区的发展。哥斯达黎加国家能源大多来自可再生能源，我们在可持续、负责任和高质量生产方面处于领先的地位，主要的制造领域包括塑料制造业、制衣业等。

五是农业及食品加工业。哥斯达黎加拥有着非常丰富的火山土壤以及多样的微环境，因此拥有广泛的生产选择。自 1800 年初以来，哥斯达黎加就将农业综合发展作为经济的重要领域，像咖啡、香蕉、可可和菠萝在农业经济中仍然起着非常重要的作用。哥斯达黎加非常重视食品的品质和独特性，目前超过 350 种食品加工产品出口到全球 130 多个目的地，包括德国、意大利、法国、荷兰、美国、中国和日本，当前需求越来越旺盛，并且充满活力，这些市场已经成为长期的农产品的出口目的地。同时，全球前 40 家食品公司中有 9 家在哥斯达黎加设厂，其中包括了卡夫、联合利华、多尔等，这些公司得益于从太平洋到加勒比海岸的便利交通，他们可以轻松地获得高质量、更加天然的原材料。除此之外，还能提供给他们研发服务，包括技术专长，以及对认证流程的支持，哥斯达黎加也遵守最严格的规范。哥斯达黎加被公认为全球优质农产品的供应国之一，从传统的商品，如咖啡、菠萝和可可，到哈密瓜、蔬菜、芦荟、山竹和红毛丹等，均是更具异国情调和更加时髦的农作物。我们还将农产品带入价值链的终端，出口果冻、蜜饯、调味料、调味品、浓缩水果果汁、果泥、冷冻的果制品。哥斯达黎加以

“我们生产、我们保持”的座右铭进行经营，有机农业在受控环境下的生产，推动了绿色产品、公平贸易，以及应用于农业的生产技术在价值链上的进一步延伸，这也是具有潜力的领域。我们也欢迎中国企业到哥斯达黎加大展身手，我们提供超过 7 500 公顷的土地，可以种植有机产品，包括香蕉、菠萝、大米、可可、香草等，主要出口目的地包括荷兰、法国、德国、比利时和英国。私人和政府实验室在生物领域进行研发，使我们能够进一步探索食品工程，创造出抗瘟疫或热带病的农作物，创造出新种子，如油棕和可可的新种子，木瓜的新果实，以及一些新的物种。

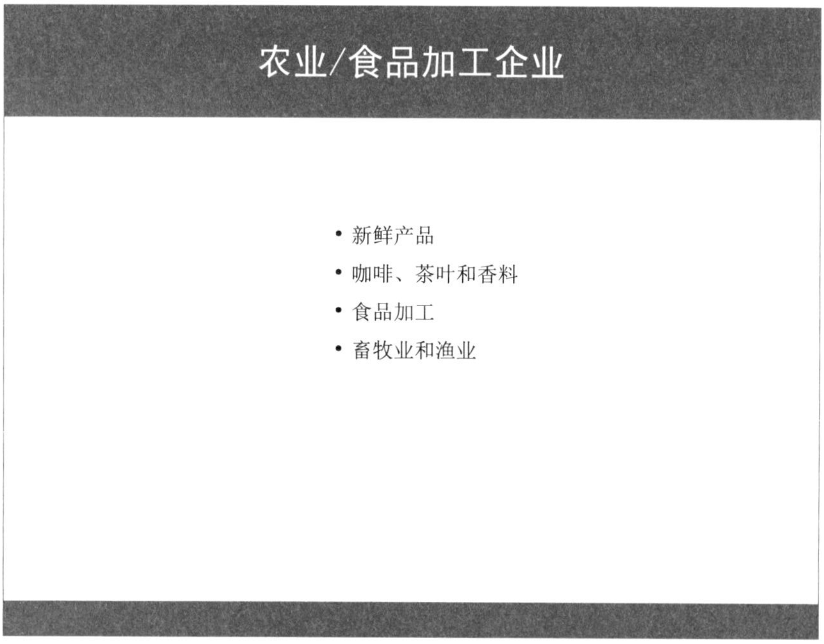

哥斯达黎加位于大西洋和太平洋间的优越位置，也为水产养殖提供了理想的条件，已成为罗非鱼、大眼金枪鱼等的主要出口国。虾类养殖业也很成熟，出口到美国、德国和其他欧盟国家，包括带有各种调味料的美食罐装食品或罐装海鲜。水产养殖业也将副产品进一步用于宠物食品的生产中，以及化肥产品或者生物能源的生产中。残留物中的甲烷可以帮助我们获得所需要的，尤其是自给自足的能源，这需要做更多的研发，因此也寻求更多的合作，期待有更多的投资。这样我们就能更好地利用残留物中的甲烷气体，回收循环利用甲烷气体等其他的废弃物，更好地实现环境的可持续发展。农业综合企业，食品加工和水产养殖部门的公司可以在大都市以外的地区享受最具竞争力的激励措施，天气条件不仅对农业综合企业和食品加工特别有利，而且这些地区还提供税收优惠政策。

作为驻中华人民共和国的哥斯达黎加大使，我诚挚希望投资者和制造业公司将哥斯达黎加作为理想的投资目的地，这将契合中国“一带一路”的倡议精神，向中部加勒比海和南部地区以及美国市场建立通路。

我再次感谢会议主办方，感谢江泰举办这次非常好的活动！希望未来还会出席类似的会议，也非常感谢你们的邀请和支持！

演讲人：索托（哥斯达黎加驻华大使）

4.11 把握疫情后供应链区域布局机会，营造产业集聚效应

今天非常荣幸在发生疫情这样特殊的情形下以这样特殊的方式跟大家见面，非常荣幸参加2020年中国企业“走出去”风险发布会。下面由我给大家做一个把握疫情后供应链区域布局机会，营造产业集聚效应的简短报告，对疫情过后，企业海外布局谈一点我们的认识和体会，欢迎各位专家领导批评指正。

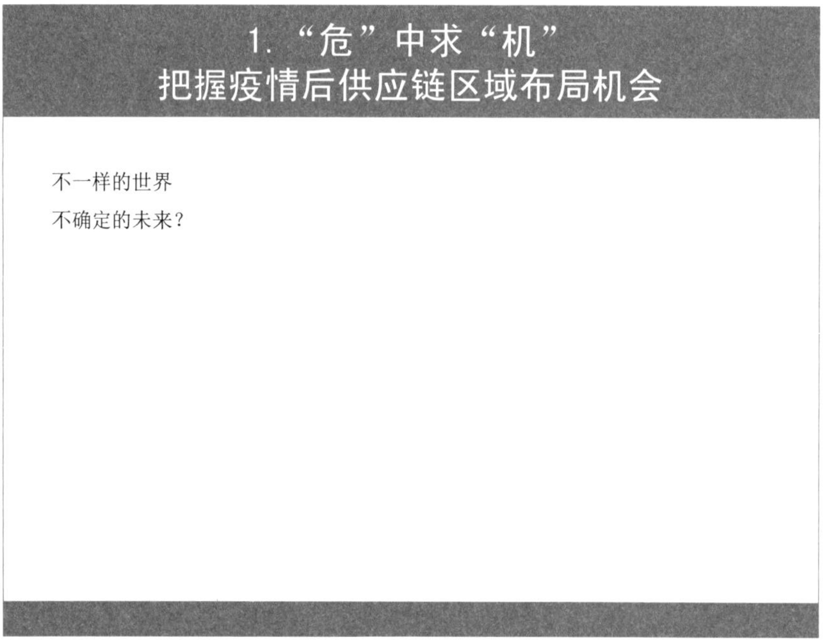

这次疫情来得非常突然，事先谁也没料到，突如其来的疫情改变了我们的生活，改变了我们的企业，甚至改变了我们这个世界，我想大家应该都能充分体会到这次疫情给我们带来的冲击和改变。疫情之后我们所处的社会环境、生活环境等都会发生重大的改变。大到国家之间的经贸往来，小到普通老百姓的生活方式都受到了影响。疫情也深刻影响到了我们的企业，在复杂的环境当中，企业最核心的应变能力不是面对确定的未来，而是面对不确定的未来，这才是企业所要具备的能力。企业的战略不是多么宏大或者多么长远，而是随着环境的变化而进行动态的调整，这是疫情带给我的一点体会。

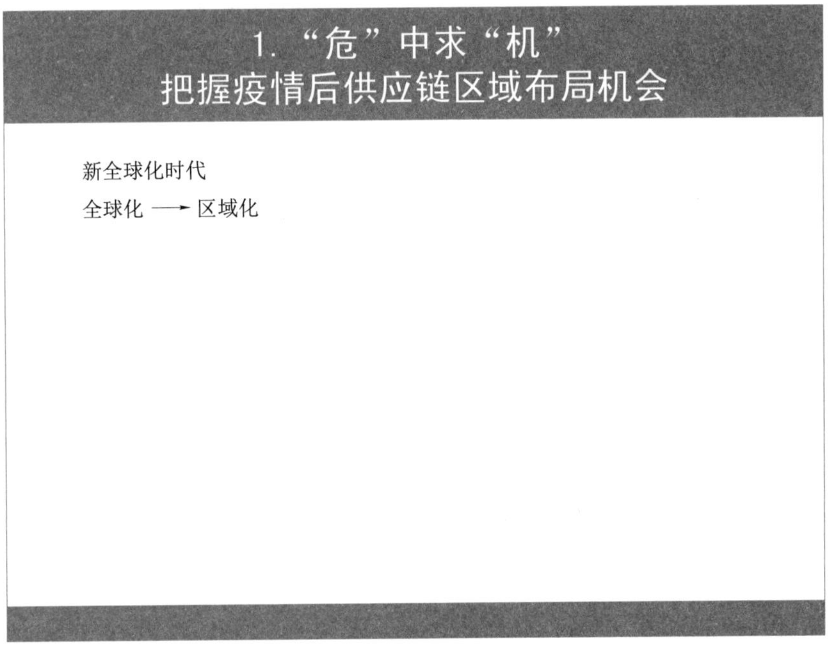

受到疫情的影响，经济全球化可能要发生新变化，中国面对经济全球化的战略可能也要有比较大的改变，也许会回到有些专家学者提出的有限全球化的状态。有些专家学者已经指出来，这次疫情加剧了各国的“脱钩”，对大的经济体来说，疫情会加剧本地化，把一些产业链转移到自己国家或者转移到自己周边国家，但是小的国家不可能都建立小而全的产业链，不可能都建立独立完善的产业链，成本太高，效率也不是一朝一夕就能实现的。产业链将会发生什么样的变化呢？据专家学者推测，可能会加剧供应链区域化，甚至次区域化替代全球化，会更多地在区域内建立自己可控的产业链和供应链。

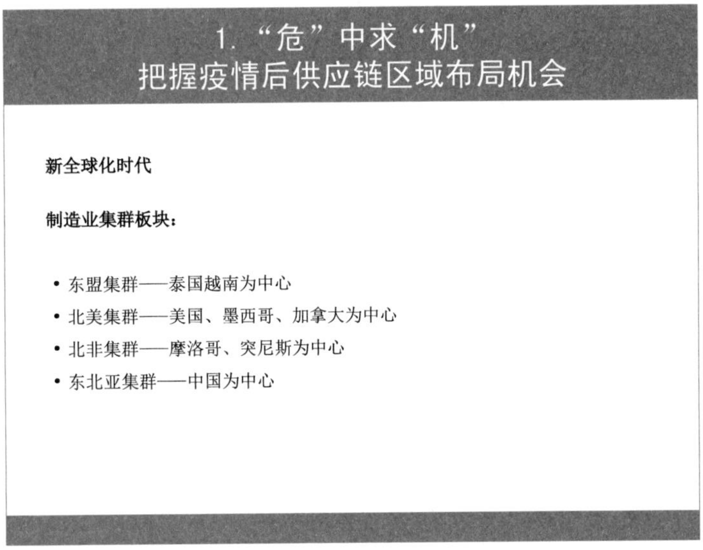

我们认为在这种新的形势下，新的全球大分工时代已经来临，未来在全球会形成几个比较集中的制造业板块，比如以泰国、越南为中心的东南亚板块，以美国、墨西哥、加拿大为中心的北美板块，以摩洛哥为中心的北非集群和以中国为中心的东亚板块。据我们观察一下东南亚、北非和美国、墨西哥、加拿大，这三个地区应该是可以承接中国大规模产业“走出去”或者重新布局的地区。大家也可以看看全球还有没有其他地区具备这样的条件？

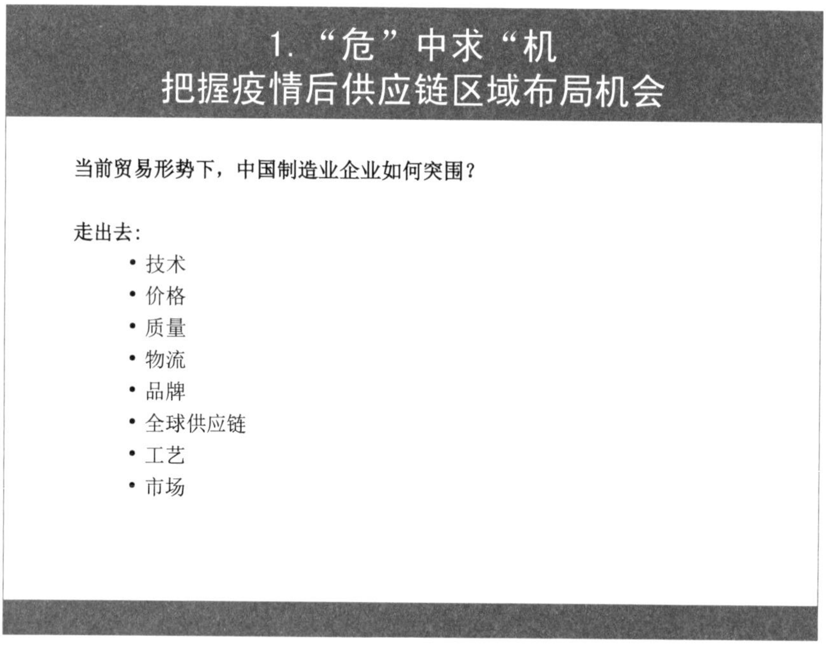

面对疫情带来的全球冲击，中国企业怎么办？是坐以待毙还是积极地寻求办法？当然要根据企业自身的情况积极地寻找新的出路。企业除了自身改变竞争方式之外，不要再像过去那样以成本作为主要竞争力，而是以技术、工艺、质量、品牌、全球供应链参与方式等各方面来提高企业或者产品的议价能力，增强企业的竞争力，增强企业之间的产品不可替代性。除了上述这些之外，还有一个办法，就是企业可以主动“走出去”，融入全球竞争，参与到全球供应链当中。“走出去”以后，在新的供应链生态中，企业仍然是做自己最擅长的产品，虽然最终不是中国制造，不是传统的中国制造出口到全球，但是仍然还是中国的企业、中国的品牌、中国的资本在主导，中国企业还是具有话语权的。相信这种重构是一个渐变的过程，绝不是突变的过程，这种重构已经在发生了，企业完全可以从这方面更加主动地适应未来，主动地去参与构建新的全球化产业链生态，继续保持在产业链和供应链当中的地位。

虽然疫情给企业带来的是冲击，但是有一些企业仍可以在危中求机，可以寻找企业新的机遇。在企业全球化产业链重构过程中，境外园区如何帮助企业“走出去”？如何在这个进程中体现出园区的作用呢？我花一点时间跟大家分享一下。对中国企业“走出去”，很多政府官员、领导、专家学者都提出了各种各样的建议或者方式，我们认为中国的制造业“走出去”，不仅是企业发展的需要，对于部分企业来说其实更是生存的需要。如果你还待在国内，沿用原来的路径，就是中国生产制造，出口到世界各地，这样的做法已经过时了，企业要积极地转变思路。我们认为企业发展到一定阶段，最终要从产品“走出去”阶段迈向企业“走出去”阶段，企业“走出去”要从逻辑上搞清楚四个问题。

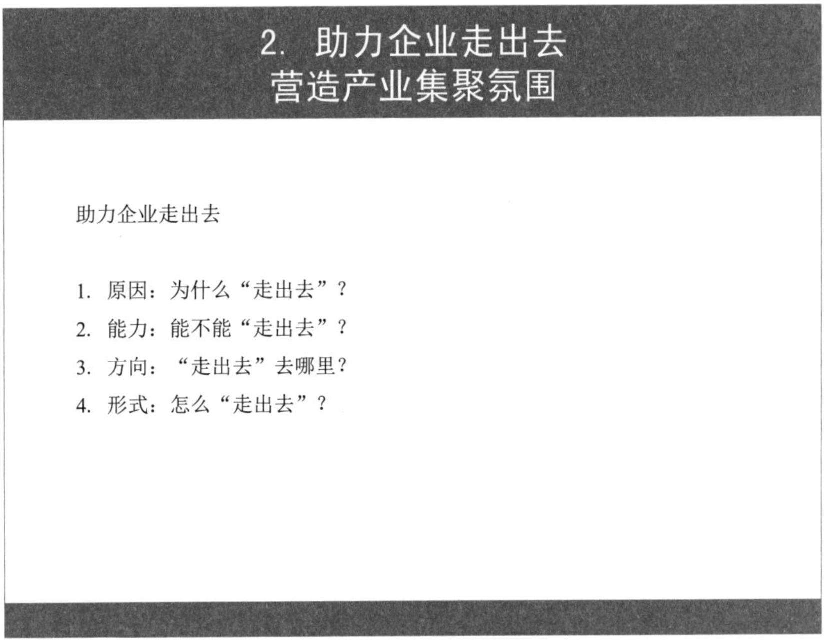

第一，企业为什么要“走出去”？面对经济全球化的环境，搞清楚企业“走出去”的动因以及全球战略对企业“走出去”具有很重要的指导作用。如果这个问题搞不清楚，看到别人都“走出去”，去越南、去东南亚，我们也“走出去”，那肯定是不行的。企业“走出去”有各种各样的动因，是急于降低成本还是由于贸易壁垒被逼着“走出去”，还是由于客户的要求，就近给客户设厂、给客户供货，提高客户的响应速度，每个企业都有各种各样的原因，企业要考虑清楚为什么要“走出去”。

2. 助力企业走出去
营造产业集聚氛围

助力企业走出去

序号	评价指标
1	所在国自身市场容量及其市场辐射半径
2	所在国与地缘国家的政治经济关系
3	所在国的工业基础和供应链协同能力
4	所在国的各项生产要素成本的性价比
5	所在国的物流效率、便利性及其成本
6	所在国的政局、法律、安全及工会状况
7	所在国的货币管制政策及汇率的稳定性
8	所在国的本地化金融政策及服务环境
9	所在国的社会经济的成长性和发展潜力

第二，要评估企业未来能不能“走出去”。企业想不想“走出去”和能不能“走出去”是两个概念，企业“走出去”不仅要有意愿，还要有能力，要评估人才、技术、营销网络等，要做好准备工作，否则要交学费、走弯路，根据我们的观察，比如江浙地区一些中小型的民营企业，他们也有“走出去”的想法，但是他们往往可能人才、资金都不充足，这就面临更大的挑战和风险，企业要做好准备，不能盲目地“走出去”。

2. 助力企业走出去
营造产业集聚氛围

华立 20 余年海外探索与实践

- 1991年设立国际贸易部开展国际业务
- 1995年成立进出口公司获得自营进出口权
- 2000年启动国际化发展战略，在泰国投资建设电能表工厂
- 2015年投资建设“北美华富山工业园”
- 2019年投资建设“中越跨境产业平台”

第三，企业“走出去”要去哪里？世界这么大，企业究竟要去哪里？去东南亚？还是非洲？还是墨西哥、北美？企业要考虑清楚哪里更加适合，要根据行业的特点，搞清楚“走出去”的动因，不要盲从。我们 20 年前“走出去”了，包括做境外工业园也已 15 年，我们服务了几百家中国企业“走出去”，列出大概十个企业“走出去”要考虑的因素，比如企业投资建厂之前，要考虑市场容量、市场辐射、劳动力情况、法律法规、物流效率、外汇管制等各个方面。企业“走出去”选择目的国的时候要根据一定的标准去选择。

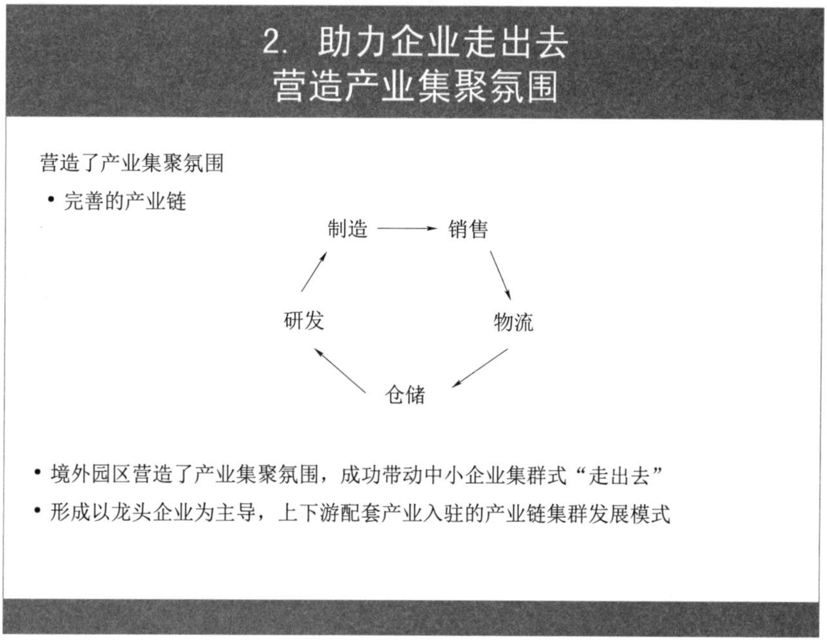

第四，企业如何“走出去”。制造企业“走出去”可以有多种方式，比如独资、找当地合作伙伴合资、新建工厂、收购等。企业怎么做没有统一或者标准的答案，实践证明，中国境外园区为企业提供了一站式服务，创造了良好的环境，降低了中国企业“走出去”的投资风险，是中国制造企业可以优先选择的“走出去”方式。因为这种方式大大降低了企业的风险，增强了中国企业之间抱团的效应。

中国企业提出“走出去”要考虑这四个方面问题，主要是基于我们 20 多年国际化道路的经验。如果每个企业“走出去”都单打独斗去交学费、走弯路，这对我们国家和企业都是不利的。2005 年，在泰国一个比较偶然的机会启动了泰中工业园项目，我们要把海外工业园开发作为海外发展战略，在全球建 6 个境外工业园，目前正在建第二个工业园——墨西哥北美华富山工业园，这是集团在全球海外工业园布局的第二大项目，也是中国企业在墨西哥设立的第一个工业园，是旨在为中国企业提供一站式服务的中国企业境外优势产业集聚平台。“三大三小”工业园建设目的就是想为中国制造业全球布局提供一个完整的生态服务平台，让大家能够抱团“走出去”、抱团出海、抱团竞争、抱团取暖。

境外园区有两个作用，第一降低初期投资风险，第二增强中国企业海外抱团发展的效果。企业在海外的产业要发展，不仅要具备土地、资金、技术、劳动力等基础要素，还要具备有竞争力的产业配套环境，我们有一些大的企业，规模大，自身实力强，综合实力雄厚，能带动形成自己的研发、制造、销售、物流产业链，但是一些中小型的企业可能由于自身实力等方面的制约，往往只能专注于产业链链条的某一环节，需要有其他的上下游环节共同形成产业生态，才能长期在海外发展，离开了这个环境就会碰到挑战和障碍。我们有效地解决了中小型企业对外投资产业的配套难题，园区在设立的时候就提前进行了产业规划，有意识地培育引进园区的重点产业，主要吸引汽配、家电产业入园，希望吸引一些龙头产业到园区投资入户，带动上下游产业共同发展，大家形成一个上下游配套的抱团效应，形成比较完善的产业链集群，这样对企业、对园区也会起到积极的推动作用。

我们目前开了九个园区，已经吸引了超过 150 家企业入住，从单打独斗到形成产业链协作，我们不是一个企业在战斗，而是形成了可持续的产业生态环境，这样就大大提高了我们企业在海外产业竞争的能力，有效地降低了我们企业“走出去”的风险和门槛。这是我们园区推动和帮助企业海外供应链布局方面所发挥的一点作用。

最后，我想谈一点个人的体会，无论有没有这次疫情，我认为我们企业面临的外部环境都是越来越难的，但是这也是一件好事，为什么这么说？也许过五年或者十年回过头来看，我们会发现这样一个国际贸易环境反而会逼出一批全球化的跨国企业，跨国企业可能也是被逼出来的，我们企业为了生存，可能也只能是漂洋过海去海外发展，尽管由于产业多元化布局，企业走向了海外，但是我们遇到的很多企业的总部都是还在这里，因为我们的根还在中国。

最后非常感谢江泰优投给我这个机会，给大家谈一点我们的体会和认识，再次感谢各位领导和嘉宾的聆听，谢谢大家。

演讲人：吴广云（华富山工业园）

4.12　全球疫情催生海外园区招商大趋势

中国企业取得了很多成就，“一带一路”倡议，从 2013 年到 2018 年间整个的沿线国家贸易总额超 6 万亿美元，占外贸总额比重达到 27.4%，沿线国家直接投资额超过 900 亿美元，与 50 多个沿线国家签署双边投资协定。截至 2019 年底纳入商务部统计的境外经贸合作区累计投资总额超过 410 亿美元，入区企业 5 400 家，上缴东道国税费 43 亿美元，“一带一路”建设取得了很大的成绩，特别是带动了“一带一路”沿线众多国家的经济发展。

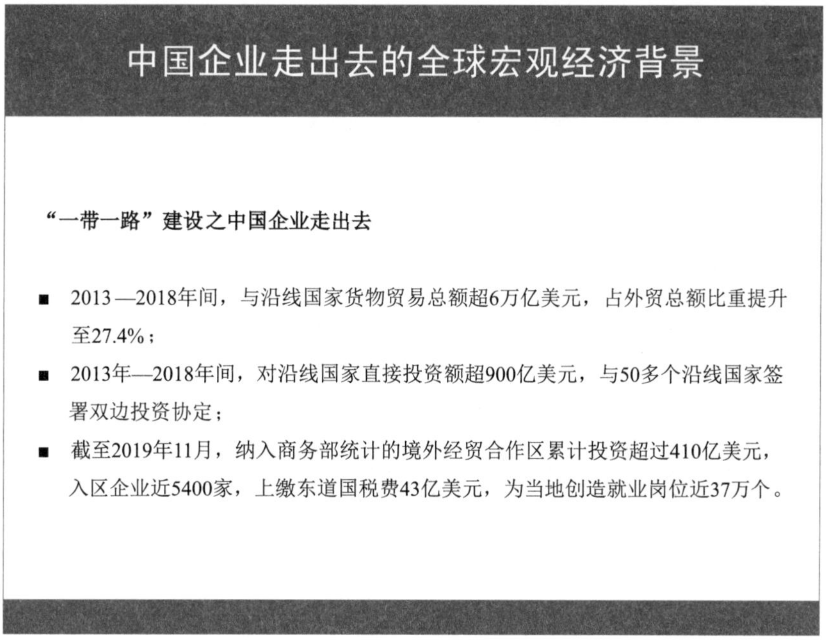

泰国伟华工业园区主要是在泰国和越南两个国家开发园区，那么中国企业“走出去”宏观背景是怎么样呢？

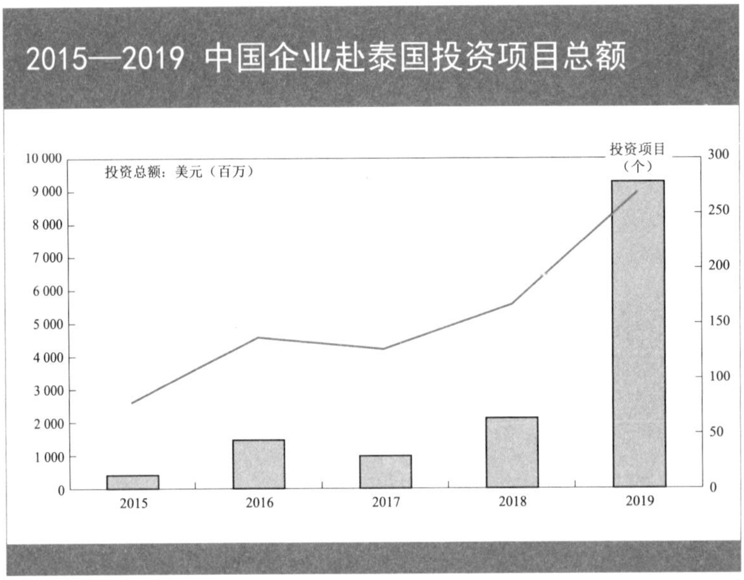

从上图可以看到，2018年到2019年，中国赴泰投资的总额陡然上升，企业的数量从六七十家上升到将近280家，其中主要原因是制造业转移。在中美贸易战的背景下，中国企业“走出去”都是哪些类型的企业呢？中国企业在东南亚“走出去”，主要是生产制造型企业，主要投资国是泰国和越南，而泰国和越南由于产业类型和产业基础不一样，两国招商的企业类型不同，泰国主要是引进先进制造业，包括机械、金属加工、汽车整车及零部件、电子、轻工业为主。越南则是以劳动密集型的产业为主，如轻纺、服装等，电子产业近几年也大量走向越南。

疫情防控在过去五六个月中对中国的企业有哪些影响？

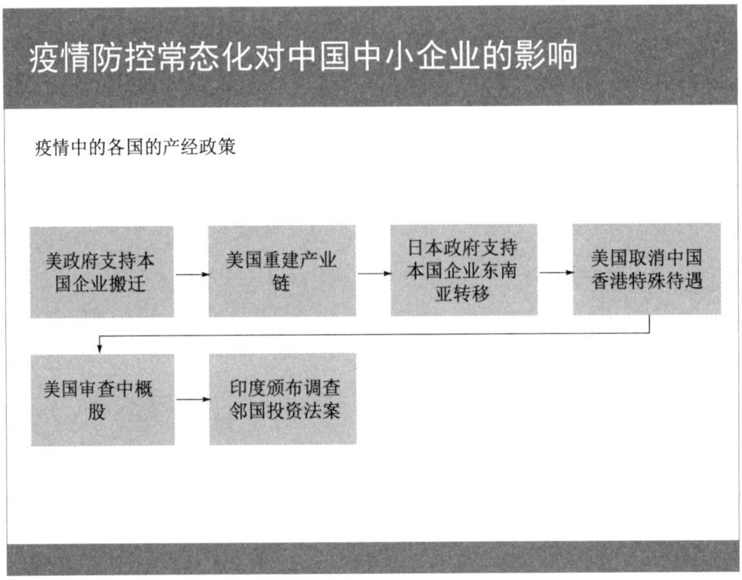

先从各国的产业经济政策分析，美国和日本都强调要把本国产业从中国迁出，日本要迁回本土或者迁到东南亚，无论是否能够真的可行，美国、日本是否会负担整个搬迁费用，但是美国、日本从政府的角度提出了这个问题。最近美国取消了对于中国香港的特殊优惠政策，印度收紧领土接壤国外国直接投资规则，其实就是审核中国的投资和基建，中美经济脱钩等。所有这些产业经济政策，对于中国在全球产业链中的位置实际上是有非常大的影响。

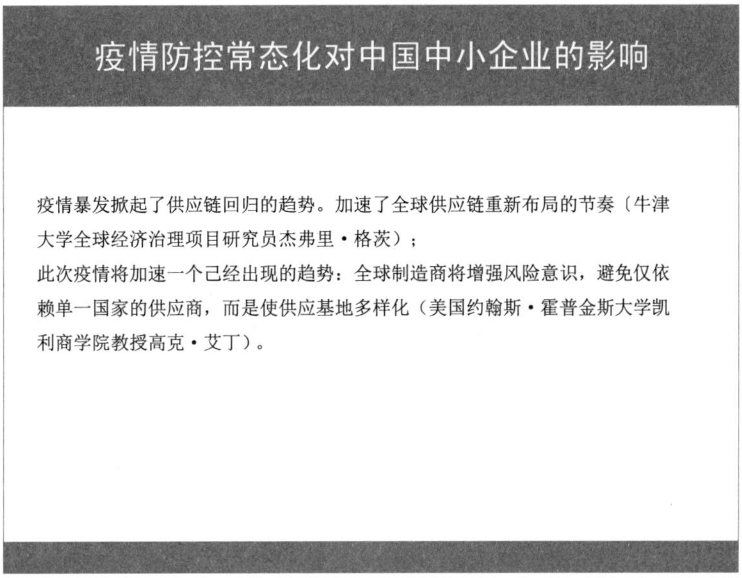

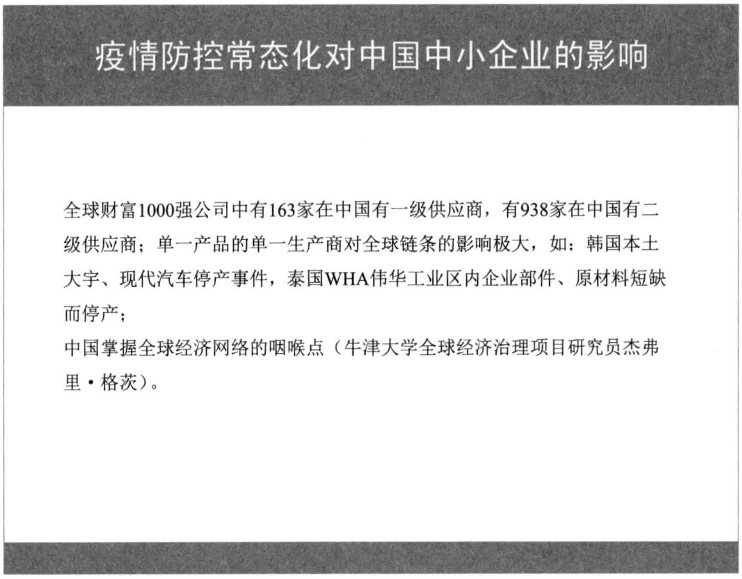

以详细数字分析，全球 1 000 强企业中有一级供应商 163 家在中国，二级供应商则达到了 938 家，经过改革开放之后几十年的发展，我们的基础设施、人民的勤劳，在中国形成了一个巨大的全球供应链。但是疫情当中也暴露出很多的问题，比如单一产品的单一生产商，全球供应链对它的影响其实是特别大的，比如疫情初期，武汉封闭以后，韩国现代大宇汽车在本土立刻停产，因为有一个元件全球只有武汉能生产。

伟华工业园受到疫情的影响比较小，泰国疫情控制得非常成功，在初期阶段能够有稳定的生产，而且园区内管控得也非常好，但是近期有一些半停工的状态，主要是因为中国的原材料和部件无法抵达泰国。

某些全球知名的智库、大学认为，疫情暴发掀起了供应链回归的趋势，加剧了全球供应链的重新布局。而且此次疫情会凸显某些趋势，全球的制造商的风险意识会增强，趋于进行多样化采购。

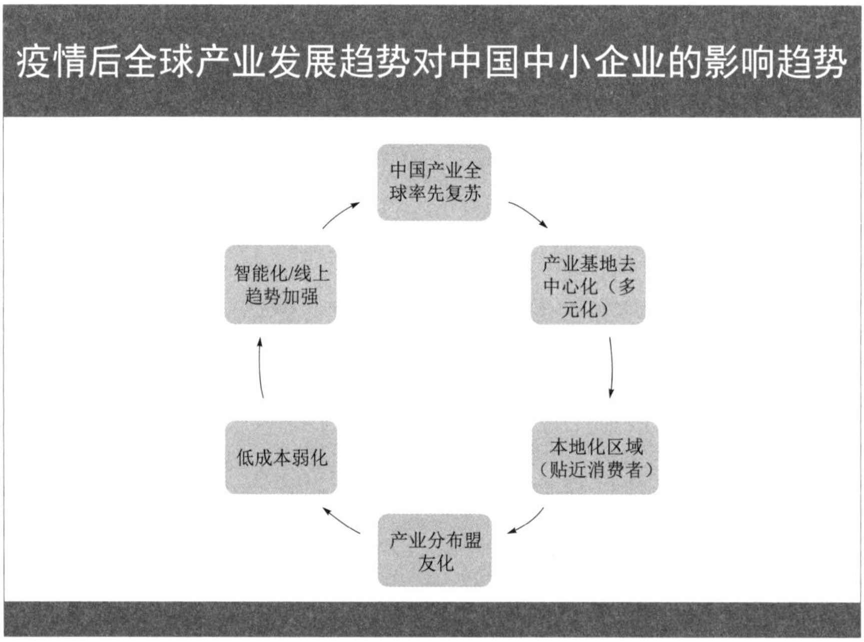

全球产业未来的发展趋势特别值得中国中小企业重视，首先是中国的产业会在全球率先复苏，包含疫情控制、管理效率、人民的团结、产业和消费的复苏都会走在前面。疫情之后，全球的产业链会向多元化发展，为了能够保证全球的供应安全，不会再集中于某一个国家。因此一些国内的产业是要分流出去的。现在有些园区的客户被美国强行要求一定要分流部分产能到泰国，因此产业去中心化和多元化是一个趋势，另外就是本地区域化，由于强大的生产能力和强大的全球物流链的高效性，任何产品都可以在中国生产，在世界的任何一个角落能够运输过去，形成消费力。但疫情之后我们相信很多生产会分散化和贴近消费者和趋于本地化，这是一个趋势，要影响到全球的产业，进而影响整个经济的发展，因此有些产业势必要求上游企业本地化和贴近消费者。

另外产业分布，可以看到在欧美、日本这些生产强国、生产制造业大国，在疫情之后他们希望能够把部分产能分拨出去，换句话说，就是成本不再是未来第一考量，提供稳定供应，以及分散的全球不间断的供应才是第一位。另外智能化也是必然的趋势。

对于全球产业的发展趋势的思考之后，伟华园区也制定了新的政策，特别是从泰国是一个服务型国家的角度考虑，服务的理念渗透到各个行业当中。因此我们园区也顺应趋势推出了一些新的服务举措，中国企业或者中国其他的全球性企业在“走出去”的时候，我们对它的全球战略布局会进行一些探讨并给出咨询建议，另外会推荐当地产业链的客户，对接当地的原材料供应，因为中国企业很多是中小型企业，上下游都不是很熟悉的情况下，园区会尽量地为客户对接产业链客户，对接原材料供应，对接方方面面的服务。

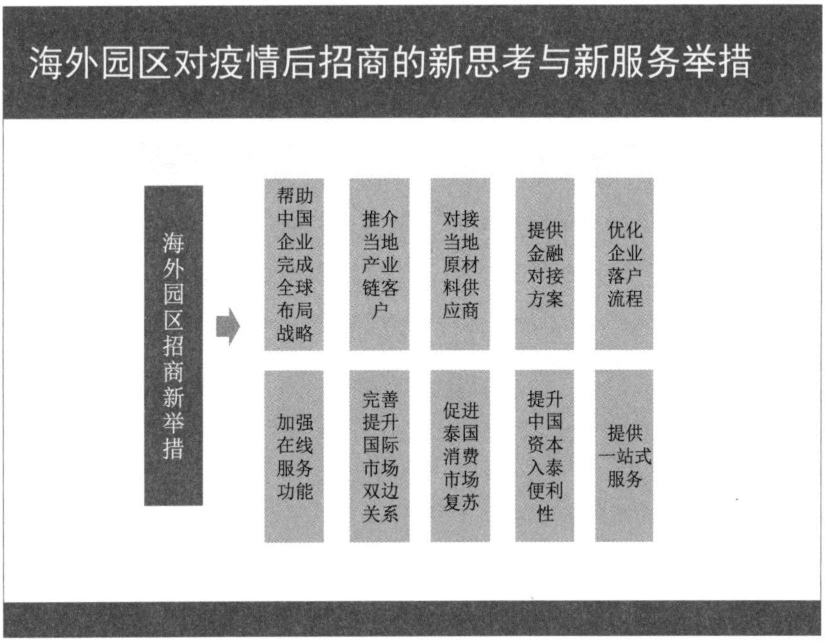

金融方案方面，我们也联合了很多泰国当地的本土和国际知名银行，进行全球方案的对接。包括优化企业落户的流程，让企业能够一心一意地进入到泰国，之后能够聚焦于自己的生产，加强一些在线的服务功能也是伟华未来的方向。

作为泰国知名企业，和产业的发展平台，泰国 1/4 的汽车产能是在园区内产生的，伟华也会敦促政府从东南亚的角度、泰国的角度完善和提升与其他国家的双边关系，促进泰国消费市场的复苏。

从招商的角度分析，我分享民营企业在选择海外区域，面向世界大市场的时候，怎样选择？第一，从宏观的层面（国家层面），要看政治是否稳定，和中国的历史文化、人文、宗教、习俗的关系，当地华人的地位，以及和中国的双边贸易关系。

宏观环境之后，这个国家的管理体系也是需要关注的，比如这个国家的法律体系是否完善，行政效率、执法成本、税收成本如何，有没有优惠政策，贸易投资的风险、资本的管控如何、环保是否严格、国家行政机构的服务意识如何等。法律体系、行政体系、税收体系是否完善和透明等。

在微观层面（市场层面）需要思考这个国家是否市场化程度非常高，市场化直接关联的是行政不会过多地干预市场。还有内需和工作人员的工作效率、工作人员的技术水平。举一个例子，刨花机是在泰国生产，说明泰国的技术水平比较高，泰国的工资水平没有想象那么低，可能是2 500～3 000元人民币的月薪水平，但是人员技能是相对较高的，另外还应考虑经营成本、社会福利的成本和在那个国家生活的成本。

考虑了国家层面、微观层面之后，园区选择要考虑其发展历程，因为工业园区难以在两三年内能够迅速形成规模，工业园区实际上像造城一样需要花费很长的时间，长期的投入、长期的管理，另外企业落户的数量和知名企业数量也是很重要的，如果知名企业多，一定证明管理水平高，接触的客户层次高。华资企业的数量是我们需要考量的。

演讲人：赵迪（泰国伟华工业园区）

4.13　发挥联盟和平台优势
精准服务、精准推广

2020 年疫情影响下全球经济走势：4 月国际货币基金组织（IMF）发布全球经济展望，对欧洲美洲发达地区的 GDP 预测不乐观，意大利是-9%，平均是-3%，如果不含中国，全球经济增长是-2.2%，包含中国的贡献，还是在-1%左右。从 1929 年到 1930 年的大萧条以来，历史上第一次出现发展中国家、新兴经济体与发达国家经济陷入共同衰退的情况，IMF 的官员表示，新兴经济体的预计还是偏乐观的，越南这两年发展非常好，每年的经济增长都在 7%以上，但是 2020 年越南也被下调到了 4.5%，整个二季度是疫情的高峰期，也可能是“二战”以来经济衰退最快的一段时期。关于企业的需求，优投跟江苏省相关部门做了充分的交流，据介绍，企业“走出去”有很多痛点，第一是信息的缺失，第二是人才储备的缺失，第三是“走出去”过程中融资困难，第四是风险防控，很多企业在海外，前期经营得还可以，到后期问题越来越多，所以风险防控是有问题的。优投平台对此总结了九个痛点。优投服务过上百家企业，在服务这些企业过程中，优投结合这次疫情做了大量的调研，发现有几个特点，第一是有些企业因为国内经营困难所以推迟了“走出去”的计划，由于国内的订单出现一些问题，人员没有办法复工，所以将此前用于对外投资的几百万、数千万美元用于解决国内的问题，所以推迟了计划。第二是有些企业由于订单减少，放缓了整个投资计划。第三种情况是疫情防护物资带来的巨额利益，使得很多“走出去”的企业改变了投资方向，涌向了口罩、防护服制造。

企业出海九大痛点：

1. 投资相关政策及信息，获取难度高，科学解读不易；
2. 缺少走出去相关的专业团队和人才；
3. 缺少东道国机构专业服务，包括法律服务、会计税务等12个领域的服务；
4. 缺乏海外政府及海外园区资源帮助其投资落地；
5. 企业抗风险能力差；
6. 产业链不完善；
7. 供应链缺乏；
8. 金融链问题突出；
9. 基础设施不了解。

中美贸易战现在进入一个非常关键的阶段，有相当多的产业在2019年被美国减免25%的关税以后，2020年8月到10月，又要重新加征关税。优投的客户有生产清洗机、吹风机的企业，2019年年底就被美国豁免了25%的关税，但是2020年8月份，美国商务部门要重新启动对这部分产品的调查，很有可能要恢复加征关税，包括来自江苏常州地区，大量做PVC板的企业也要面临重新审查。中美贸易关系的不确定性也会对很多企业产生影响。

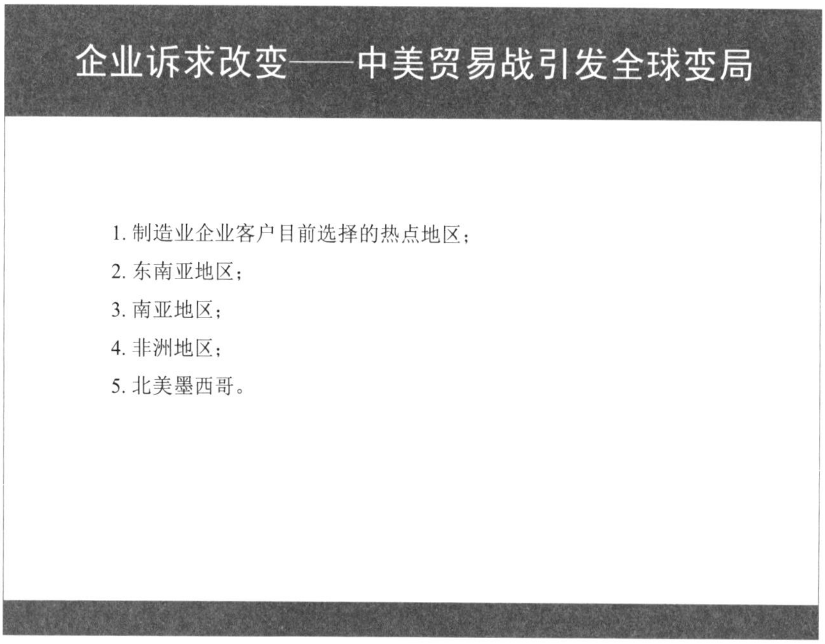

企业“走出去”的痛点是非常多的，今天重点讲其中一个，也是最近企业谈得比较多的一个话题，就是供应链的问题，供应链和原产地的证明跟企业的综合成本相关，供应链问题往往导致一些中小企业“走出去”比较困难。在东莞调研时，有一家做碎纸机的中型企业需要解决供应链的问题，可以试想一下办公用品碎纸机，里面有电路板、马达、很多的金属件和塑料件，在正常的情况下，它是一个总装的企业，不需要做很多，只要在当地买就行了，但是很可惜，企业需要的马达、金属件在当地要么买不到，要么成本非常高。这种情况对那些中大型企业来说，最好的解决方案是带5～8家配套企业一起出去，大中型企业可以做三五万平方米的厂房，可以有三五亿元的产值，可以养活一帮给他做配套的企业，但是很多小企业一年就是三千万元、五千万元的产值，无法带动上游产业链出去，所以中小企业是相当困难的。很多中小企业想到直接把这些配套的塑料、模具从国内运过来，运过来之后确实解决了供应链的问题，不需要当地供应，但是在越南或者泰国是无法拿到原产地证书的，如果拿不到原产地证书就会被认为还是中国生产的产品，做这样的投资是毫无意义的，所以很多企业就陷入了一个困局。找不到当地的供应链或者当地的供应链太贵，势必想办法从中国或者其他地方运到这里，拿到当地原产地的证明就很困难，包括东南亚的很多国家，也包括北美的国家，在原产地这一项的规则越来越紧，在很多时候执行层面和法规的层面出现了偏差，有一些国家在法规中规定，只要海关编码前六位发生改变，都被认定为产地已变。如果前四位一致，企业就要增加本地增值的部分，达到 30% 或者 40%，这样符合当地原产地规定。原本在法规当中是一个“或”的关系，但是在美国等一些进口国家，在执行过程当中要求出口国执行的都是第二条规定，就必须要本地增值，这个时候给中国企业带来的困难就非常大，因为本地增值意味着在本地采购，本地采购就要想方设法找到价格和技术都符合要求的产品。2019 年优投和一家生产钻头的企业去泰国考察，考察很辛苦，也找了很多配套供应商，但是最后还是不行，因为金属加工对工人的技术要求非常高。企业的九大痛点，最近出现最多的是供应链问题，供应链最终导致原产地证明无法获得，最后导致投资失败。此前企业都要求成本最低，现在慢慢变成供应链安全，很多企业说成本只是一方面，供应安全变得越来越重要，另外因为这次疫情，全球的贸易物流被中断，更多企业感觉鸡蛋不能放在一个篮子里，不能生产制造只在中国，如果以中国作为生产基地，然后向全球销售，未来可能会出现困难。企业的需求是碎片化的，这也是做这么一个平台的原因，从基本的考量到后面非常专业化的需求，到很多个性化的需求，企业的要求非常地个性化。

优投是要做对外投资的航空母舰，航母本身不参加对外的战斗，但是它给参加战斗的舰载机提供大量的弹药，这就是我们的平台思维。优投与全球将近 1 200 个工业园区建立了合作关系，工业园区的信息都在优投的网站上进行展示，优投的 App、公众号上都能查得到，另外每天优投都会给会员推送信息，让会员了解到全球的安全动态、最新的法律法规的信息、投资的动向，以及行业产业的变化，真正做到 365 天能够让这些企业家了解更多的投资资讯。优投的大数据运营中心专门对上线会员的投资行为进行分析，对于国家、对于产业、对于他们感兴趣的专业的领域，优投会做各种各样的分析，提供给政府、协会以及其他第三方专业机构。这是优投的生态，优投专门做了一个知识库，相当于投资领域的百度。对于国家、对于行业、对于法规，如果有任何疑问的，凡是在知识库里面能找得到的，大家都可以去试一试，比如我们很多客户发现我们在越南的信息是最全的，来问我们，为什么我们的知识库里面越南的信息最全？因为我们不断去补充，相信我们服务广东、江苏重点企业的数量越来越多，企业的需求越来越多，我们的知识库也会越来越完善。前面讲了信息推送，包括全球的智能查询，早上董事长发言的时候也讲，现在我们很多中国企业用海外服务商的时候碰到很多问题，我有一个非常切身的体会，我们去年有一个做地板的企业，他找了越南的一个律师事务所，那个律师事务所要出具一份合同的时候，因为律师事务所出的是英语和越南语，他很自然地要求出具一份中文合同，结果这个律师事务所用 Google 翻译出来一个东西，大家知道翻译软件翻出来的东西感觉很别扭，在没有平台保障的情况下使用服务商不愉快的经历很多。还有全球代表，有我们的六七十位行业专家，包括今天的风险发布会，还有 O2O 的线上线下服务。这是我们的全球资源，我们合作的驻华使馆应该是 110 多个，合作的园区有将近 1 200 个，这个数据在不停地更新当中，服务商有 1 300 多家，2 800 多个律师事务所，平台会员 6 300 多个，还有 13 位海外代表在海外为企业提供各种各样的服务，包括本地资源的采集、陪同考察服务，以及其他的相关服务。这是会员非常感兴趣的，就是线下提供的服务，应该说整个服务是围绕着会员清单在展开的，我会结合会员清单给大家展开一下。

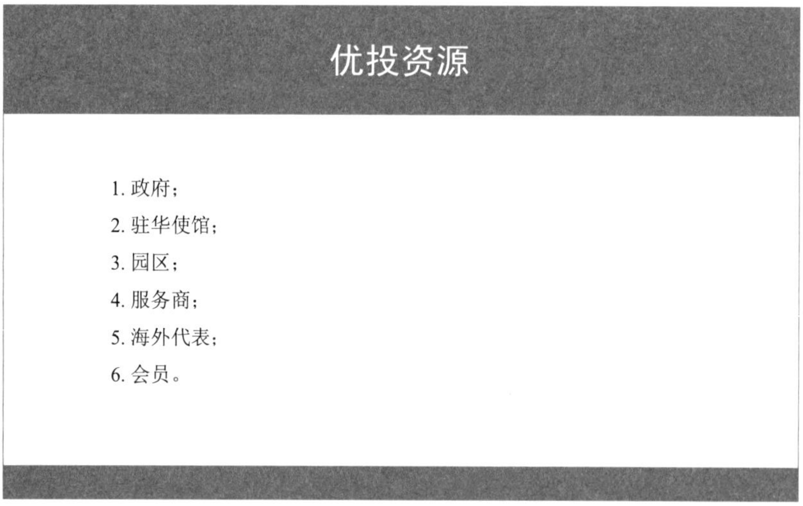

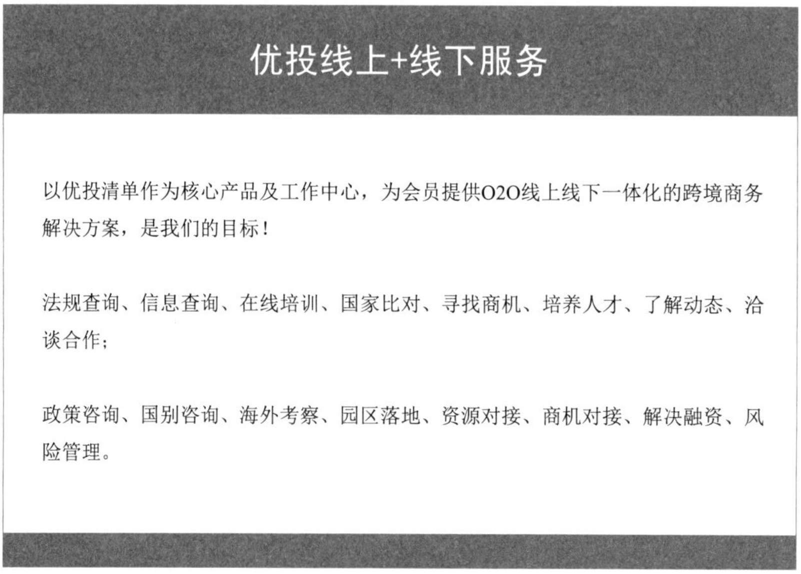

这是跟企业日常沟通当中的服务方式，简单来说就是沟通填表，拜访我们的客户，了解他的需求，让他填投资调查表，根据我们的判断以及客户的想法，我们来对他适合哪些国家进行甄别，我们帮他做海外考察，帮他签署合同，与我们的服务商一起帮他甄别这些海外园区，帮他做服务落地，最近做得比较多的是配套跟进，因为很多企业去了以后确实在本地供应链这一块非常缺失。

企业日常服务流程

1. 填表沟通；
2. 海外考察；
3. 签署协议；
4. 落地服务；
5. 配套跟进。

线下服务示例——越南园区考察、测算土地成本

土地价格决定因素：

1. 离主要城市距离；
2. 离基本港的距离；
3. 园区的配套设施；
4. 园区的管理和绿化；
5. 开发公司的知名度。

很多企业家问我，我的梦想是做对外投资，我们看到很多企业，非常有意思的一个事情就是老一辈企业家说我不想投资，但是其后辈想“走出去”，看到我们要变成一个全球化的企业，但是我真不知道对外投资要花多少钱，不是资本花多少钱，而是需要的专业服务需要花多少钱。需要多少钱为企业的“走出去”这个梦想买单？在去年 5 月份我们推出了优投服务清单，有简单的 365 的清单，包括了像优投的全球资源店铺，园区、服务商，全球地图，包括法律法规的讲解，还有我们的投资咨询、国别（地区）的知识等相关的内容，365 的清单目前各地的商务厅、商务局都在积极采购当中。3650 清单各地是商务局在采购，在 365 的清单上又升级了服务，包括海外考察报告、政策法规的解读、企业案例的分析、行业分析报告，3650 的清单明显更具有一定的针对性，适合这些即将要“走出去”，比如 3 个月内有“走出去”计划的。最后一个 36500 的清单就含了线下专业培训、陪同考察和专业辅导，这些更加专业化的服务。

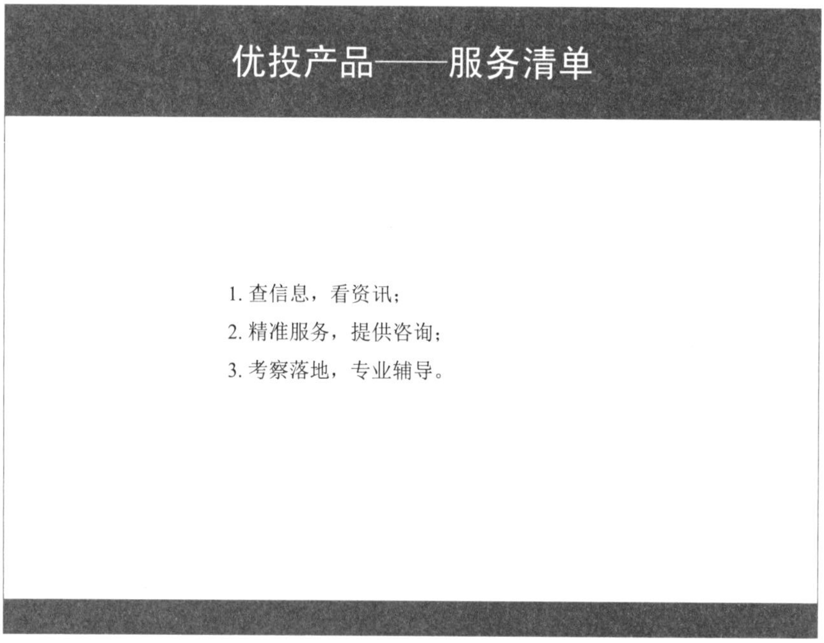

还有很多个性化的服务由海外服务商提供，365、3650、36500 以及服务商的个性化服务，就构成了“走出去”综合的服务体系。中小企业会碰到两难的问题，第一个不像大企业、央企能找全球最好的资源做匹配，可以找全球顶级的咨询公司做方案，中小企业不舍得做这个方案，尤其是他不确定能否获得成功的情况下，前期大笔的资金支出对他们来说是有压力的，但是中小企业又需要精准服务，又不希望被骗了，不希望只

是一两个朋友说句话就把几百万投资出去了，中小企业有这样两难的问题，有强烈的获得精准服务的愿望，但是又没有很好的预算。这是我们服务清单差异的介绍。在我们的平台推出的这三年多来，我们得到了全国各地商务厅局和发改系统的大力支持，尤其江苏、河北、广东、深圳、宁波、北京，包括我们最近在联系的吉林省商务厅，这些商务厅局的领导对我们平台的发展给予了大力的支持和高度的关注，我们不停地跟各地的商务厅、商务局探讨，他们的工作当中有什么样的地方是我们平台可以帮助到他们的，怎么样建立一个政府平台、企业三方合作，能够共同服务好“走出去”企业的新的模式。在今年 3 月份我们中标了江苏省厅的对外服务项目，目前已经组织了差不多 50 位同事集中开始拜访 3 000 家“走出去”的企业，我们有 13 项履约的内容，其中包括 5 场专业性的培训和 10 次投资促进活动。

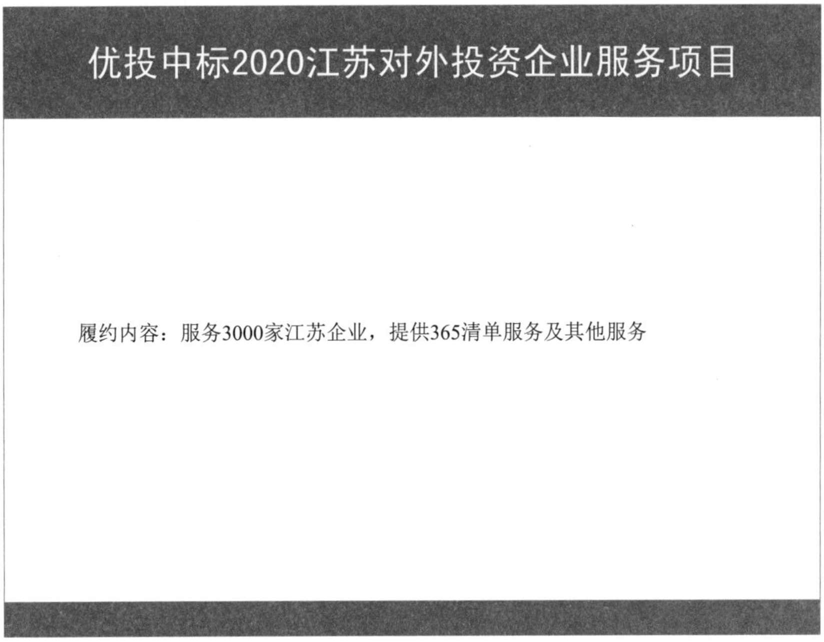

今年深圳商务局也是委托我们对企业进行培训，深圳认为人才的缺失是对外投资当中的一个短板，深圳是一个非常有特色的地方，电子电器产业在深圳是非常非常发达的，深圳目前占到整个“走出去”50% 以上，整个广东省 7 000 多家企业当中，深圳占了 50% ~55% 的数量。今年是我们和常州商务局合作的第二年。在广东地区顺德是最早跟我们合作的，我们目前在跟广州商务局洽谈相关的合作。在我们平台的建设中，不断了解企业的实际需求，关注他们的需求改变，了解企业痛点和难点，尤其是在疫情后发生了什么样的改变。做园区的企业非常不容易，但是对外投资的企业可能更不容易，我们希望园区能够帮企业做更多的事情，企业“走出去”很多时候非常容易犯一些错误，如果园区能够提供一站式的服务，园区能够帮助他们解决供应链、配套产业链的前期调研，对企业是非常关键的。今天的演讲到此为止，谢谢大家。

演讲人：项菁（优投网）